드무아브르가 들려주는 정규분포 이야기

김승태 지음

NEW
수학자가 들려주는
수학 이야기
76

드무아브르가
들려주는
정규분포 이야기

㈜자음과모음

수학자라는 거인의 어깨 위에서 보다 멀리, 보다 넓게 바라보는 수학의 세계!

　수학 교과서는 대개 '결과'로서의 수학을 연역적으로 제시하는 경향이 강하기 때문에 학생들은 수학이 끊임없이 진화해 왔다고 생각하기 어렵습니다. 그렇지만 수학의 역사는 하나의 문제가 등장하고 그에 대해 많은 수학자가 고심하고 이를 해결하는 가운데 새로운 아이디어가 출현해 온 역동적인 과정입니다.

　〈NEW 수학자가 들려주는 수학 이야기〉는 수학 주제들의 발생 과정을 수학자들의 목소리를 통해 친근하게 이야기 형식으로 들려주기 때문에 학생들이 수학을 '과거 완료형'이 아닌 '현재 진행형'으로 인식하는 데 도움이 될 것입니다.

　학생들이 수학을 어려워하는 요인 중의 하나는 '추상성'이 강한 수학적 사고의 특성과 '구체성'을 선호하는 학생의 사고 사이에 존재하는 간극이며, 이런 간극을 줄이기 위해서 수학의 추상성을 희석시키고 수학 개념과 원리의 설명에 구체성을 부여하는 것이 필요합니다.

　〈NEW 수학자가 들려주는 수학 이야기〉는 수학 교과서의 내용을 생동감 있게 재구성함으로써 추상적인 수학을 구체성을 갖는 수학으로 변모시키고 있습니다. 또한 중간중간에 곁들여진 수학자들의 에피소드는 자칫 무료해지기 쉬운 수학 공부에 윤활유 역할을 해 줄 것입니다.

〈NEW 수학자가 들려주는 수학 이야기〉의 구성을 보면 우선 수학자의 업적을 개략적으로 소개하고, 6~9개의 강의를 통해 수학 내적 세계와 외적 세계, 교실 안과 밖을 넘나들며 수학 개념과 원리를 소개한 후 마지막으로 강의에서 다룬 내용을 정리합니다.

이런 책의 흐름을 따라 읽다 보면 각각의 도서가 다루고 있는 주제에 대한 전체적이고 통합적인 이해가 가능하도록 구성되어 있습니다. 〈NEW 수학자가 들려주는 수학 이야기〉는 학교 수학 교과 과정과 긴밀하게 맞물려 있으며, 전체 시리즈를 통해 학교 수학의 많은 내용들을 다룹니다. 따라서 〈NEW 수학자가 들려주는 수학 이야기〉를 학교 수학 공부와 병행하면서 읽는다면 교과서 내용의 소화 흡수를 도울 수 있는 효소 역할을 할 것입니다.

뉴턴이 'On the shoulders of giants'라는 표현을 썼던 것처럼, 수학자라는 거인의 어깨 위에서는 보다 멀리, 넓게 바라볼 수 있습니다. 학생들이 〈NEW 수학자가 들려주는 수학 이야기〉를 읽으면서 각 수학자의 어깨 위에서 보다 수월하게 수학의 세계를 내다보는 기회를 갖기를 바랍니다.

홍익대학교 수학교육과 교수 |《수학 콘서트》저자 박경미

책머리에

세상의 진리를 수학으로 꿰뚫어 보는 맛
그 맛을 경험시켜 주는 '정규분포' 이야기

흔히 사람들은 수학은 모든 학문의 기초가 된다고 합니다. 그러나 저 역시 살면서 그것을 느끼지 못했습니다. 그러니 학생들은 오죽하겠습니까? 또 사람들은 수학처럼 노력한 만큼 성취감을 느낄 수 있는 과목도 많지 않다고 합니다. 윽, 이 말을 들으면 저 역시 찔리는 심정입니다. 많은 학생 중 몇이나 이런 성취감을 맛보았을까요?

저는 수학 하는 사람으로서 아이들에게 수학에 약간의 재미를 주려고 많은 노력을 해 왔습니다. 이런 노력은 수학을 재미있게 만드는 데는 역부족이었습니다. 하지만 〈NEW 수학자가 들려주는 수학 이야기〉 시리즈에는 여러분을 수학의 재미에 빠지게 하기 위한 많은 선생님의 노력이 담겨 있습니다. 저도 이 시리즈를 많이 읽고 있습니다. 수학의 새로운 재미를 즐기면서 말입니다.

무조건 많은 문제를 푸는 것보다 먼저 기본 원리를 확실히 터득하는 것이 더 효과적이라고 합니다. 이 시리즈는 기본 원리에 재미를 더했습니다. 어렵고 복잡한 문제에 대하여 집착하지 않고 쉽고 간단한 문제를 통해서 문제의 해법을 익힐 수 있도록 구성하였습니다. 이 책은 새로운 지식을 습득할 때 공식 암기

에만 치중하는 것은 올바른 태도가 아니라는 것을 가르쳐 줄 것입니다. 점점 더 사고력을 키우고 창의력을 길러 주는 '생각하는 수학'에 무게가 실리고 있는 것을 보며 이 책에 무게를 두고 싶습니다.

김승태

차례

추천사 4
책머리에 6
100% 활용하기 10
드무아브르의 개념 체크 20

1교시
연속확률분포 31

2교시
연속확률분포의 확률 계산 49

3교시
정규분포 71

4교시
정규분포의 확률 계산 87

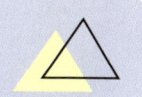

5교시
이항분포와 정규분포   113

6교시
연속확률분포의 평균과 표준편차   133

7교시
정규분포와 관계된 실생활 응용문제   149

1 이 책은 달라요

어떤 사람이 뉴턴에게 《프린키피아》에 있는 내용을 질문하자 뉴턴은 "드무아브르에게 가십시오. 그 사람은 이것을 나보다 잘 알고 있습니다."라고 말했답니다. 《드무아브르가 들려주는 정규분포 이야기》는 그 드무아브르가 우리에게 정규분포에 대해 들려주는 이야기책입니다.

드무아브르는 늘그막에 날마다 잠자는 시간이 늘어나는 이상한 병에 걸려 나중에는 23시간이나 계속 잠을 잤다고 합니다. 그리고 1754년 11월 27일에는 24시간이나 잤는데 결국 그대로 숨이 끊어졌다고 합니다.

이처럼 때로는 기이하기도 한 드무아브르가 학생들이 무척이나 어려워하는 정규분포를 자신만의 특이한 설명을 곁들여 차근차근 이야기 형식으로 가르쳐 줍니다.

정규분포는 일선에 계시는 선생님들도 가르치기 껄끄러운 내용입니다. 하지만 드무아브르는 자신만의 독특한 방식으로 여러분을 재미난 정규분포의 세계로 이끌 것입니다. 아무쪼록 이 책이 여러분의 학교생활에 도움이 되었으면 합니다. 그리고 입시 제도의 변화로 '확률과 통계'

라는 단원이 다시 중요한 자리를 차지하게 되었습니다. 그런 차에 이 책은 여러분에게 또 다른 희망을 줄 것입니다.

2 이런 점이 좋아요

① 고등학교 수학에서 언제나 어렵고 포기하기 쉬운 정규분포라는 단원을 아주 쉬운 해설과 함께 교과서 중심으로 설명하였습니다.

② 드무아브르라는 수학자 역시 재미난 이력의 소유자입니다. 그가 다시 살아와 우리에게 이야기 형식으로 정규분포를 설명하는 재미난 책입니다.

③ 정규분포를 모르는 학생들도 처음부터 쉽게 접근할 수 있도록 교과 과정에 맞추어 차근차근 설명하였습니다.

100% 활용하기

3 교과 연계표

학년	단원(영역)	관련된 수업 주제 (관련된 교과 내용 또는 소단원명)
중 1	자료와 가능성	도수분포표와 상대도수
중 3		산포도
고 1(공통수학2)	함수와 그래프	함수
고 2~3(확률과 통계)	확률	확률의 개념과 활용, 조건부확률
	통계	통계적 추정

4 수업 소개

1교시 연속확률분포

연속확률변수와 이산확률변수를 가려보는 연습을 합니다. 그리고 연속확률분포의 예를 살펴봅니다.

• 선행 학습

- 변수 : 수학에서 쓰이는 수식에 따라서 변하는 값을 뜻합니다.
- 구간 : 두 실수 $a, b(a<b)$가 있을 때, 이들 사이에 존재하는 실수 전체를 구간이라고 합니다.
- 실수 : 수학에서 다음 성질을 가지는 집합을 말합니다.
  ① 유리수와 무리수의 합집합
  ② 연속인 최소의 무한집합
  ③ 수직선상의 점들과 일대일 대응되는 집합

④ 유일한 완비 순서체

실수에 대한 엄밀한 수학적 정의는 1871년 게오르크 칸토어에 의해 이루어졌습니다.

- 확률 : 하나의 사건이 일어날 수 있는 가능성을 수로 나타낸 것으로 같은 원인에서 특정의 결과가 나타나는 비율을 뜻합니다.

- 도수분포 : 통계 자료의 기술 방법으로 변량을 적당한 폭으로 나눈 계급으로 계열화한 것을 이 변량에 대한 도수분포라고 합니다.

- 시그마$\sum$: 그리스 문자의 열여덟째 자모로 총합을 나타내는 기호입니다.

- 적분법 : 주어진 함수의 원시함수를 구하는 것으로 정적분을 구하는 것을 그 함수를 적분한다고 할 수 있습니다.

• 학습 방법

- 두 실수 $a, b(a<b)$에 대하여 $a \leq x \leq b$, $a \leq x < b$, $a < x \leq b$, $a < x < b$를 만족시키는 모든 실수 x의 집합을 각각 구간이라 하고, 이들을 각각 $[a,b]$, $[a,b)$, $(a,b]$, (a,b)로 나타냅니다.

- X가 a에서 b까지의 연속적인 값을 가지면서 $a \leq \alpha \leq \beta \leq b$인 임의의 α, β에 대하여 확률 $P(\alpha \leq X \leq \beta)$가 정해질 때, X를 연속확률변수라 합니다.

2교시 연속확률분포의 확률 계산

연속확률분포의 확률 계산을 알아보고, 연속확률분포는 구간의 확률만 의미가 있음을 배웁니다.

- 선행 학습
- 히스토그램 : 도수분포를 나타내는 그래프로, 관측한 데이터 분포의 특징이 한눈에 보이도록 기둥 모양으로 나타낸 것입니다.
- 함수 : 어떤 집합의 모든 원소에 대해 또 다른 집합의 단 하나의 원소가 짝 지어져 있는 관계를 말합니다.
- 절댓값 : 수학에서 절댓값이란, 어떤 실수에서 부호를 제거한 값을 말합니다. 예를 들어, 5와 -5의 절댓값은 둘 다 5가 됩니다.
- 사다리꼴 : 평면기하에서 사다리꼴은 한 쌍의 대변이 평행한 사각형입니다.

- 학습 방법
- 상대도수는 각 계급의 도수가 전체 도수에서 차지하는 비율을 알기 위하여 각 계급의 도수를 전체 도수로 나눈 값입니다. 상대도수의 총합은 항상 1이 됩니다.

$$\text{상대도수의 총합} = \frac{(\text{각 계급의 도수의 합})}{(\text{전체 도수})} = \frac{(\text{전체 도수})}{(\text{전체 도수})} = 1$$

3교시 정규분포

정규분포의 뜻에 대해 알아보고 특징을 살펴봅니다.

- 선행 학습
  - 가우스 : 독일의 수학자. 대수학·해석학·기하학 등 여러 방면에 걸쳐서 뛰어난 업적을 남겨, 19세기 최대의 수학자라고 일컬어집니다. 수학에 이른바 수학적 엄밀성과 완전성을 도입하고, 수리 물리학으로부터 독립된 순수 수학의 길을 개척하여 근대 수학을 확립하였습니다.
  - 표준편차 : 자료의 산포도를 나타내는 수치로, 분산의 음이 아닌 제곱근으로 정의됩니다. 표준편차가 작을수록 평균과 변량들의 거리가 가깝습니다.
  - 대칭 : 점이나 직선 또는 평면의 양쪽에 있는 부분이 꼭 같은 모양으로 배치되어 있는 것입니다. 식에서 순서를 바꾸어도 같을 때 대칭이라 합니다.

- 학습 방법
  - 정규분포의 확률밀도함수를 식으로 나타내면 다음과 같습니다.
  $$f(x) = \frac{1}{\sqrt{2\pi}\,\sigma} e^{-\frac{(x-m)^2}{2\sigma^2}} \quad (\text{단, } -\infty < x < \infty)$$

4교시 정규분포의 확률 계산

표준정규분포, 정규분포의 표준화, 표준정규분포표에 대해서 알아보고 확률을 계산해 봅니다.

• 선행 학습

- 확률변수 : 확률론에서 확률변수는 확률분포에 의해 임의의 값을 갖는 양입니다.

- 대칭이동 : 주어진 도형을 점, 선, 면에 대하여 대칭적으로 옮기는 것을 말합니다.

- 분산 : 통계에서 각 변량의 값과 평균의 차이의 제곱의 평균을 말합니다.

• 학습 방법

- 정규분포의 표준화에 대해 알아봅니다.

  정규분포 $N(m, \sigma^2)$을 따르는 확률변수 X를 표준정규분포 $N(0, 1^2)$을 따르는 확률변수 $Z = \dfrac{X-m}{\sigma}$으로 변화시키는 것을 표준화라고 합니다.

- 정규분포곡선 $y=f(x)$는 $x=m$에 대하여 대칭이므로, 다음 식들이 성립합니다. 단, a는 양수

  $P(m-a \leq X \leq m)$

  $= P(m \leq X \leq m+a)$

  $= \dfrac{1}{2} P(m-a \leq X \leq m+a)$

- 확률변수 X가 확률밀도함수로 주어진 정규분포를 따를 때, 평균과 분산은 각각 다음과 같습니다.

  $E(X) = m$, $V(X) = \sigma^2$

확률밀도함수는 평균 m과 분산 σ^2에 의하여 결정됩니다.
- X가 이산확률변수일 때, 새로운 확률변수 $Y=aX+b$ a, b는 상수에 대하여 $E(Y)=aE(X)+b$, $V(Y)=a^2V(X)$입니다.

5교시 이항분포와 정규분포

이항분포와 정규분포의 관계 및 이항분포의 정규근사를 알아봅니다.

- **선행 학습**
  - 정규분포곡선 : 도수분포곡선이 평균값을 중앙으로 하여 좌우 대칭인 종 모양으로 그려진 곡선입니다.
  - 히스토그램 : 표로 되어 있는 도수분포를 정보 그림으로 나타낸 것입니다.

- **학습 방법**
  - 이항분포 : 주사위를 다섯 번 던졌을 때 1이 나오는 횟수를 X라고 하면 X의 확률분포는 이항분포 $B\left(5, \dfrac{1}{6}\right)$이 됩니다.
  - X가 이항분포 $B(n, p)$를 따르면 평균과 분산은 각각 $m=np$, $\sigma^2=npq$이므로 n이 충분히 클 때 X는 근사적으로 정규분포 $N(np, npq)$를 따릅니다.

  그러므로 표준화된 확률변수 $\dfrac{X-np}{\sqrt{npq}}$는 근사적으로 표준정규분포 $N(0, 1)$을 따릅니다.
  - n이 커질수록 이항분포 $B(n, p)$의 그래프와 정규분포 $N(np, npq)$

의 그래프가 거의 같아짐을 알 수 있습니다. 이게 바로 '근사하다'는 것입니다.

- 이항분포와 정규분포의 관계는 확률변수 X가 이항분포 B(n, p)를 따를 때, n의 크기가 충분히 크면 X는 근사적으로 정규분포 N(np, npq)단, $p+q=1$를 따릅니다. np, npq는 각각 이항분포 B(n, p)의 평균과 분산입니다.

6교시 연속확률분포의 평균과 표준편차

연속확률분포의 평균과 표준편차를 공부하고, 적분을 이용하여 확률밀도함수를 알아봅니다.

- **선행 학습**

- 호 : 원주상의 두 점 사이의 부분으로 원주상의 두 점은 원주를 두 부분, 즉 두 호로 나눕니다. 두 점을 잇는 선분이 이 원의 지름이 아닐 때에 짧은 호를 열호, 긴 호를 우호라고 합니다.

- **학습 방법**

- 이산확률변수란 동전의 앞면의 개수, 제품에서의 불량품의 개수 등과 같이 확률변수 X가 유한개의 값을 가지는 것을 말합니다.

- 함수 $f(x)$의 부정적분의 하나를 $F(x)$라 하면
$$\int_a^b f(x)dx = \Big[F(x)\Big]_a^b = F(b) - F(a)$$

- 연속확률변수 X의 평균, 분산 및 표준편차

평균 : $E(X) = \int_a^b x f(x) dx$

분산 : $V(X) = E((X-m)^2) = \int_a^b (x-m)^2 f(x) dx$

표준편차 : $\sigma(X) = \sqrt{V(X)}$

- n이 -1이 아닐 때 x^n의 부정적분

$\int x^n dx = \dfrac{1}{n+1} x^{n+1} + C$ 단, C는 적분상수

7교시 정규분포와 관계된 실생활 응용문제

정규분포에 대한 응용문제를 살펴봅니다.

- 선행 학습

- I.Q. : 지능 검사 결과로 지능의 정도를 총괄하여 나타내는 수치

- 학습 방법

- $0 \leq X \leq 10$의 범위에서 X가 구간 $[\alpha, \beta]$에 속할 확률은

$P(\alpha \leq X \leq \beta) = \dfrac{\beta - \alpha}{10}$ $(0 \leq \alpha \leq \beta \leq 10)$이고,

$P(0 \leq X \leq 10) = 1$입니다.

드무아브르를 소개합니다

Abraham de Moivre(1667~1754)

나는 뉴턴의 《프린키피아》를 읽고 수학에 흥미를 느끼게 되었습니다. 프랑스에서도, 자유를 찾아 떠난 영국에서도 불이익은 여전했습니다. 그렇지만 수학에 대한 열정은 누구도 꺾을 수 없었습니다.

나는 내가 죽을 날을 계산하기도 했습니다. 수학의 아웃사이더로 평생을 수학을 팔며 살았지만 내가 만든 정리는 수학사에 길이 남을 것입니다.

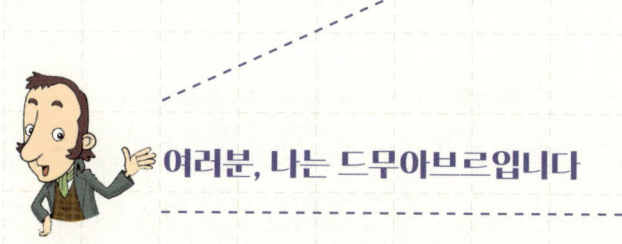

여러분, 나는 드무아브르입니다

여기는 슬로터 커피 하우스라는 카페입니다.

"드무아브르! 이것 좀 해결해 주게."

한 도박꾼이 나타나서 나에게 만약 이런 도박 게임이 만들어진다면 자신에게 유리한지 불리한지를 물어 옵니다. 나는 이런 이들에게 확률 계산을 해 줍니다. 나를 찾아오는 이들은 주로 항해가, 선주, 보험 브로커, 도박꾼 들입니다. 나는 이들에게 확률 계산을 해 주고 돈을 벌어 생계를 유지하고 있습니다.

하지만 나도 한때는 꿈이 있었습니다. 어려운 생활 속에서도 나는 뉴턴의《프린키피아》를 읽고 수학에 강렬한 흥미를 느껴서 수학 교수가 되고 싶었습니다. 아마 내가 영국에서 생활할 때였을 것입니다.

나는 1667년 5월 26일 프랑스의 샹파뉴에서 가난한 외과 의사의 외아들로 태어났습니다. 우리 아버지는 프랑스 신교도였습니다. 아버지는 지금의 외과 의사처럼 많은 돈을 벌지 못했습니다.

나는 스당프랑스의 지명에 있는 위그노 스당 아카데미에서 공부했습니다. 하지만 남들만큼 많은 교육을 받지는 못했습니다. 우리 가족은 낭트 칙령이 철폐된 후 프랑스 신교도에 대한 탄압으로 1685년 감옥에 가게 되었습니다. 3년을 복역하고 우리는 종교의 자유를 찾아 영국으로 이주했습니다.

나는 영국에서 가정 교사를 하고 책을 쓰면서 근근이 생활했습니다. 어려운 삶 속에서도 나는 수학 교수가 되겠다는 꿈을 잃지 않았습니다. 1697년, 나는 30세에 왕립 학회 회원으로 뽑혔습니다. 신사의 나라 영국인 중에는 보수적인 사람이 많았습니다. 내가 외국인이라는 이유로 적지 않은 불이익을 주었습니다. 종교의 자유를 찾아온 영국에서 나는 또 다른 억압에 시달리게 되었습니다. 그리하여 결국에는 교수 자리를 얻지 못했습니다. 꿈을 이룰 수 없다는 것이 무척 힘들었습니다. 나는 프랑스를 사랑했기에 결코 모국어를 버릴 수 없었습니다. 나는 영국 사회의 아웃사이더로 일생을 제대로 된 지원 없이 궁핍하게 살았습니다. 그래서 나는 수학의 아웃사이더가 되어 커피 하우스에서 사람들에게 수학을 팔며 평생을 살았습니다.

나는 죽을 날을 확률 계산으로 예측하기도 했습니다. 나의 수면 시간이 매일 15분씩 길어진다는 것을 깨닫고 등차수열을 이용하여 내가 24시간을 자게 될 날을 계산해 보았습니다. 그래서 바로 24시간을 자게 되는 날에 내가 죽을 것이라고 생각했습니다. 그 결과 놀랍게도 나는 1754년 11월 27일 87세로 사망하였습니다.

그런데 지금 이야기하는 사람은 누구냐고요? 누구긴 누구에요. 나 드무아브르지요. 책 속에서는 많은 상상력을 발휘할 수 있어요. 그게 바로 독서의 매력입니다.

나는 평생을 지식 사냥꾼으로 살았습니다. 하지만 나는 수학사에 길이 남을 불멸의 업적도 남겼습니다. 누가 뭐래도 나는 수학자였으니까요. 기존의 틀 속에서 수학을 연구한 것은 아니지만 나는 누구보다 수학을 사랑했습니다. 호랑이는 죽어서 가죽을 남기고 사람은 죽어서 이름을 남긴다는 말이 딱 맞는 것 같습니다. 여러분도 꿈이 있다면 되고 안 되고를 떠나서 꿈을 사랑하세요. 내가 죽은 후 나의 수학 이론이 알려졌습니다. 수학의 지식 사냥꾼이었지만 그렇게라도 내가 좋아하는 수학을 했기에 행복했습니다.

내가 어떤 업적을 남겼는지 궁금하지요? 업적이라고 말하긴 거창하지만 확률 계산을 해 주는 '드무아브르의 종 모양 곡선'이 있습니다. 이것에 대해서는 본 수업으로 들어가서 다루게 될 것입니다. 독립된 사건이 어떻게 정규분포를 따르는지 밝혀내는 좌우 대칭의 종 모양 곡선은 확률과 경제학을 예측 가능한 과학으로 만드는 데 결정적인 역할을 합니다. 하하하! 내가 수학은 좀 합니다. 나는 말이죠. 해석기하를 발전시켜 확률을 더욱더 잘 이해할 수 있도록 했답니다. 그래서 도박사들이 나를 많이 찾아왔지만요.

나는 그 어려운 삼각법을 기하학의 영역으로 끌어들여 해석학의 영역 안으로 가져오는 도구로 만들었습니다. 어려운 수학도 살살 구슬리면 말을 잘 들어요. 나는 통계학 연구에서 매우 중요한 확률적분과 정규 도수곡선을 처음으로 다루었습니다.

내가 남긴 책으로 1718년에 출판한 《우연론》에 대해 말하고 싶습니다. '우연히'라는 단어를 보면 참 재미난 생각이 듭니다.

　나는 '그녀를 우연히 만났다.'라고 할 때의 우연을 확실히 계산해 내는 수학자입니다. '그녀를 $\frac{2}{100}$ 정도의 우연으로 만난 것일까, 아니면 더 작은 확률로 만난 것일까?' 계산하고픈 수학자입니다. 그 책은 연애에 대한 내용을 다룬 것이 아니라 주사위나 다른 게임과 관련된 문제들을 연구하고 통계적 독립을 정의했습니다. 나라의 자주 독립도 중요하지만 통계에서 독립에 대한 열망, 아니 통계에서도 독립을 아주 중요하게 다룹니다.

　1730년에 출판된 《해석 기요》에는 이항분포를 근사시켜 정규곡선을 얻어 내는 방법을 다루고 있습니다. 이 내용은 본문에 가서 자세히 다룰 것입니다. 본 수업에서 만날 이들과 인사하세요. 정규곡선은 정말 단정한 분이지요.

　참, 내가 1925년에 출판한 《수명에 따른 연금》이라는 책도 있습니다. 보험 하는 분들을 위해 적은 책입니다. 보험 통계학에 중요한 도움을 주었습니다.

　그리고 고등학생들에게는 미안한 일이지만 나의 중요한 업적 중 하나인 '드무아브르의 정리'가 있습니다. 이것은 고등학교 이과 수학에 나옵니다. 학생들은 반기지 않는 정리지만 상당히 중요한 정리입니다.

드무아브르의 정리를 보고 이런 것을 어디에 써먹나 하고 생각하는 학생이 많을 것입니다. 하지만 이 정리는 실전 수학에서 연구한 결과입니다. 앞에서도 이야기했듯이 나는 지식 사냥꾼이었습니다. 수학을 필요로 하는 사람들에게 수학을 팔며 생계를 힘들게 유지했습니다. 그것도 평생을 말이지요.

여러분, 한번 생각해 보세요. 수학을 일상생활에서 필요로 하는 사람에게 도움을 주지 못하는 수학은 팔 수 없어요. 그래서 나는 실전 수학을 할 수밖에 없답니다. 이런 배경 때문에 나는 드무아브르의 정리를 만들게 된 것입니다. 물론 세월이 흘러 컴퓨터니 계산기니 하는 것이 등장하여 나의 정리에 대한 편리함이 많이 줄어들었지만 수학에서 그 가치는 아직도 충분히 인정받고 있습니다.

마치 부모님들이 흘러간 옛 노래를 들으면서 추억에 잠기듯 드무아브르의 정리를 보며 그런 향수를 느끼는 수학자가 많습니다. 수학 인기 차트에서 언제나 상위권에 드는 드무아브르의 정리입니다. 자, 이 정도 이야기했으면 드무아브르의 정리에 대한 호기심이 조금은 생기겠죠? 하지만 지금 우리가 드무아브르의 정리를 배우고 이해한다는 것은 쉬운 일이 아니라서 그만두겠습니다. 만약 지금 나의 정리를 가르쳐 준다면 여러분은 나를 미워하게 될 것입니다. 살짝 모습만 보이고 말겠습니다.

드무아브르의 정리

복소수를 극형식으로 나타냈을 때, 거듭제곱에 대한 정리입니다.
이 정리에 따르면 복소수 $z=x+yi$를 극좌표 (r,θ)를 사용하여 나타낸 $z=r(\cos\theta+i\sin\theta)$에 대해 다음 등식이 성립합니다.
$\{r(\cos\theta+i\sin\theta)\}^n=r^n(\cos n\theta+i\sin n\theta)$ 단, n은 유리수

윽, 위 식을 본 68명의 학생이 쓰러집니다. 아주 힘들게 생긴 모습입니다. 설명은 이제 그만하겠습니다.

나에 대한 이야기는 여기서 그만두고 나를 도와 수업을 진행시켜 나갈 친구를 소개하겠습니다. 그는 바로 유명한 어린 왕자의 여동생 공주입니다. 인사하는 어린 공주가 참 귀엽지요. 나는 어린 공주와 정규분포곡선이라는 사막의 언덕에서 처음

만났습니다. 여러분은 이해하기 힘들겠지만 표준편차가 큰 제법 평평한 사막이었습니다. 표준편차가 클수록 사막의 언덕은 평평해집니다. 처음 만난 그녀는 참 순수합니다. 이제 나는 어린 공주와 수업을 진행할 것입니다. 다음 교시에서 만나요.

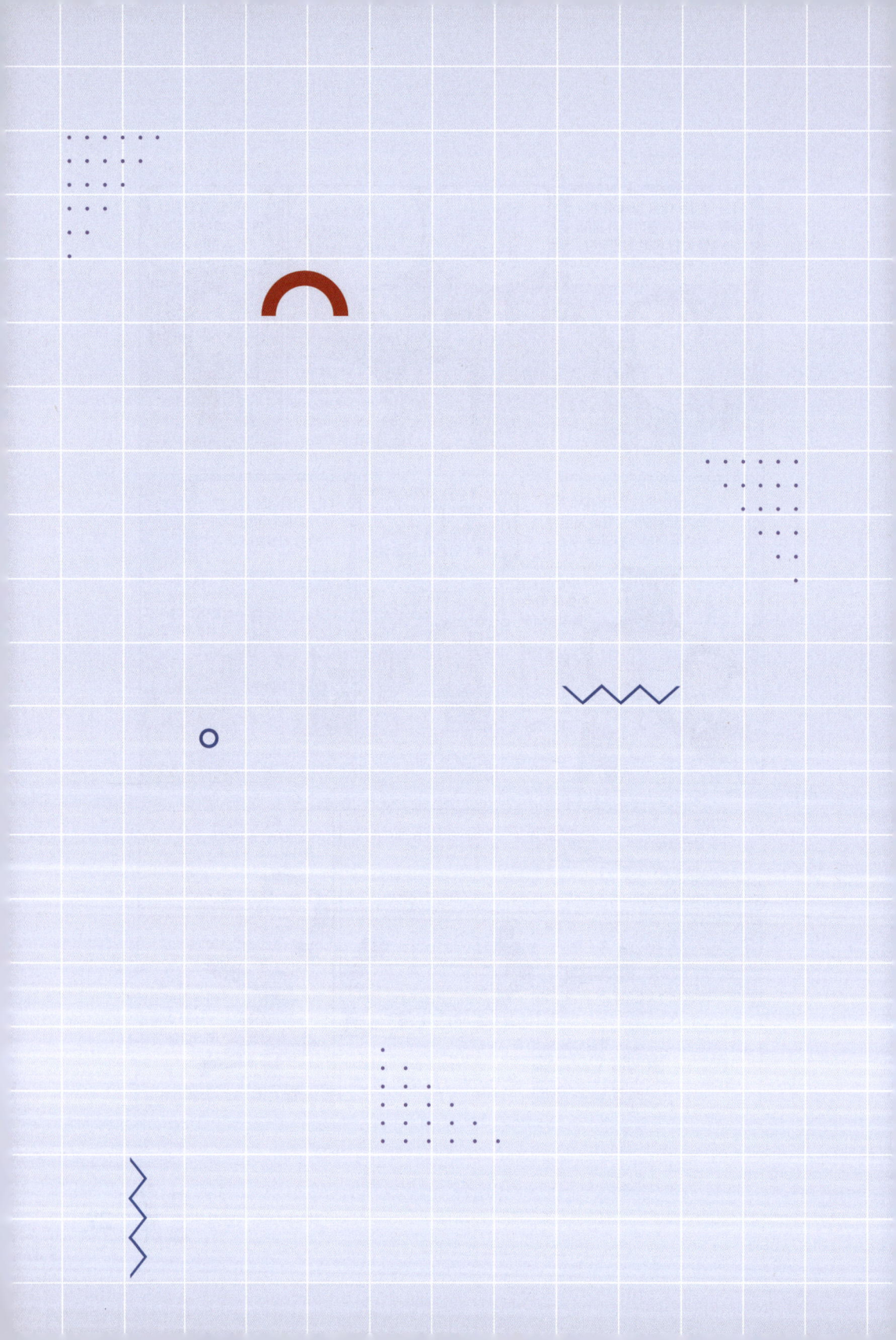

1교시

연속확률분포

연속확률분포의 의미를 공부하고,
어떤 경우에 연속확률변수를 사용하는지 알아봅니다.

수업 목표

1. 연속확률변수와 이산확률변수를 가려보는 연습을 합니다.
2. 연속확률분포의 예를 살펴봅니다.

미리 알면 좋아요

1. **변수** 수학에서 쓰이는 수식에 따라서 변하는 값을 뜻합니다.

2. **구간** 두 실수 $a, b(a<b)$가 있을 때, 이들 사이에 존재하는 실수 전체를 구간이라고 합니다.

3. **실수** 수학에서 다음 성질을 가지는 집합을 말합니다.
   ① 유리수와 무리수의 합집합
   ② 연속인 최소의 무한집합
   ③ 수직선상의 점들과 일대일 대응되는 집합
   ④ 유일한 완비 순서체
   실수에 대한 엄밀한 수학적 정의는 1871년 게오르크 칸토어에 의해 이루어졌습니다.

4. **확률** 하나의 사건이 일어날 수 있는 가능성을 수로 나타낸 것으로 같은 원인에서 특정의 결과가 나타나는 비율을 뜻합니다.

5. **도수분포** 통계 자료의 기술 방법으로 변량을 적당한 폭으로 나눈 계급으로 계열화한 것을 이 변량에 대한 도수분포라고 합니다.

6. **시그마** Σ 그리스 문자의 열여덟째 자모로 총합을 나타내는 기호입니다.

7. **적분법** 주어진 함수의 원시함수를 구하는 것으로 정적분을 구하는 것을 그 함수를 적분한다고 할 수 있습니다.

드무아브르의 첫 번째 수업

이제 본 수업에 들어가겠습니다. 어린 공주, 준비됐지요? 이번 시간에는 연속확률분포에 대해 공부하겠습니다.

확률변수 X가 어떤 구간 안에 있는 모든 실숫값을 연속적으로 취할 때, X를 연속확률변수라고 합니다. '연속적으로 취할 수 있을 때'라는 것이 좀 더 이해가 될 것 같습니다. 우리가 어떤 개념을 받아들일 때에 반대 개념 또는 상대적 개념을 가지고 이해하면 도움이 됩니다. 연속확률변수에 대한 상대적 개념으로 이산확률변수라는 것이 있습니다. 이산확률변수는 한 개의 주사위를 던질 때 나타나는 눈의 수, 세 개의 동전을 던질 때 나오는 앞면의 개수 등과 같이 띄엄띄엄 끊어진 값을 취하는 것을 말합니다. 하지만 시계처럼 변수가 연속적인 어떤 구간 안에 있는 임의의 값을 취하는 변수는 이산확률변수가 아니라 연속확률변수라고 볼 수 있습니다.

아래의 그림과 같이 수평으로 놓인 원판 위에 중심 O를 지나는 바늘이 장치되어 있어 자유롭게 회전시킬 수 있다고 합시다. 이 바늘을 회전시켜서 바늘이 멈출 때 바늘 끝이 가리키는 눈금을 X라 하면 X는 0에서 12까지의 모든 값을 취할 수 있는 확률변수가 됩니다.

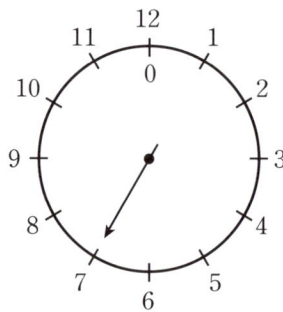

이와 같이 어떤 구간에 속하는 모든 실숫값을 취할 수 있는

확률변수를 연속확률변수 또는 연속변수라고 합니다.

 불량품의 개수, 동전의 앞면의 개수 등과 같이 띄엄띄엄 떨어진 값을 취하는 확률변수를 이산확률변수라 하고 길이, 무게, 시간 등과 같이 어떤 구간에서 연속적인 값을 취하는 확률변수를 연속확률변수라고 합니다.

 문제 하나를 풀면서 그 의미를 확실히 익히도록 합니다.

> **쏙쏙 문제 풀기**
>
> 다음 확률변수가 이산확률변수인지 연속확률변수인지 말하세요.
> ① 주사위를 던질 때 나오는 눈의 수
> ② 하루 동안의 기온
> ③ 달리는 자동차의 속력
> ④ 학급 대표를 뽑는 선거에서 어느 후보자가 얻은 득표의 수

이 문제를 풀기 위해 생각을 정리할 필요가 있지요. 확률변수가 유한개의 값을 취하는지(유한개란 것은 끝이 있다 또는 셀 수 있다는 말입니다. 어떤 범위의 모든 실숫값을 연속적으로 취하는지 생각해 보도록 합니다.

기온이나 속력은 일정한 범위 안의 모든 실숫값을 연속적으로 취하고, 주사위를 던질 때 나오는 수나 어느 후보자가 얻은 득표수는 유한개의 값을 가집니다. 따라서 이산확률변수는 ①, ④이고 연속확률변수는 ②, ③이 됩니다.

이때, 어린 공주가 토끼와 뱀을 한 마리씩 가지고 나타납니다. 사나운 뱀이 어린 공주에게는 꼼짝을 못 합니다. 한 마리의 순한 양처럼 행동합니다. 하지만 어린 공주가 뱀을 나무라는군요.

"너는 양처럼 행동하면 못써. 뱀은 연속확률변수로 나타낼 거야. 너의 속성 그대로 해!"

자존심이 상한 뱀이 어린 공주를 향해 입을 벌리며 달려들려고 합니다. 그러자 어린 공주, 뱀의 꼬리를 잡아 내동댕이칩니다. 철퍼덕! 뱀이 수난을 당합니다.

"드무아브르 선생님, 토끼는 폴짝폴짝 뛰어서 이산확률변수이고요. 뱀은 저렇게 스멀스멀 기니까 연속확률변수라고 볼 수 있어요."

아, 어린 공주의 표현은 자신의 오빠인 어린 왕자의 표현만큼이나 신선합니다. 잘 생각해 보니 어린 공주의 말이 맞는 것 같습니다.

아까 본 시계 기억나지요. 그 시계 그림에서 바늘이 구간 [2, 5]의 한 점을 가리킬 확률은 얼마일까요?

자, 이 문제에서 시계는 연속확률변수를 가지므로 구하는 확률은 눈금 2와 5 사이의 호의 길이를 원둘레의 길이로 나눈 값이 됩니다. 호의 길이와 원둘레의 갑작스러운 방문으로 좀 당황한 친구들이 있나요? 그림으로 호의 길이와 원의 둘레를 설명해 보겠습니다.

바늘이 구간 [2, 5]의 한 점을 가리키는 눈금을 X라 하면 확률은 다음과 같습니다.

$$P(2 \leq X \leq 5) = \frac{(2\text{와 } 5 \text{ 사이의 호의 길이})}{(\text{원둘레의 길이})} = \frac{5-2}{12} = \frac{3}{12} = \frac{1}{4}$$

이처럼 연속확률변수에서는 확률을 구하는 방법이 조금 다릅니다. 연속확률변수는 구간에 신경을 써야 합니다. 구간에 대해 정리해 보도록 합니다. 어린 공주가 구간이면 아홉 개의 간을 말하는 것인지 묻습니다. 순수해서 그런 것이니까 이해하세요.

쏙쏙 이해하기

두 실수 $a, b(a<b)$에 대하여 $a \leq x \leq b$, $a \leq x < b$, $a < x \leq b$, $a < x < b$를 만족하는 모든 실수 x의 집합을 각각 구간이라 하고, 이들을 각각 $[a, b]$, $[a, b)$, $(a, b]$, (a, b)로 나타냅니다.

즉, 기호 ≤와 연관이 있는 것은 [이고 기호 <와 연관이 있는 것은 (입니다.

자, 이제 구간의 의미를 안 상태에서 다음 그림을 봅시다. 눈금이 정해진 원판에서 바늘을 회전시켜서 임의로 멈춘 곳의 눈금을 X라 하면, X는 0에서 1까지의 임의의 실숫값을 갖습니다.

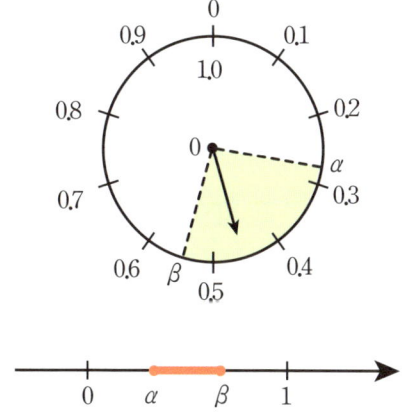

X가 a에서 b까지의 연속적인 값을 가지고 $a \leq \alpha \leq \beta \leq b$인 임의의 α, β에 대하여 확률 $P(\alpha \leq X \leq \beta)$가 정해질 때, X를 연속확률변수라 합니다.

앞의 원판에서 바늘이 구간 $0.2 \leq X \leq 0.5$에 멈출 확률은 0.3과 같다고 볼 수 있으므로 α, β를 $0 \leq \alpha \leq \beta \leq 1$인 상수라 하면,

$$P(\alpha \leq X \leq \beta) = \beta - \alpha$$

와 같이 나타낼 수 있습니다.

한편, 어린 공주는 할미꽃 때문에 무척 화가 나 있다고 합니다. 왜냐하면 그 할미꽃이 자기에게 도수분포, 이산확률분포, 연속확률분포의 그림을 그려 주지 않기 때문입니다. 그래서 나에게 도수분포, 이산확률분포, 연속확률분포를 비교할 수 있게 그림과 함께 설명해 달라고 합니다. 어린 공주의 눈망울이 너무 맑습니다. 거절할 수가 없습니다. 그래서 나는 다음과 같이 그림을 그려 비교합니다.

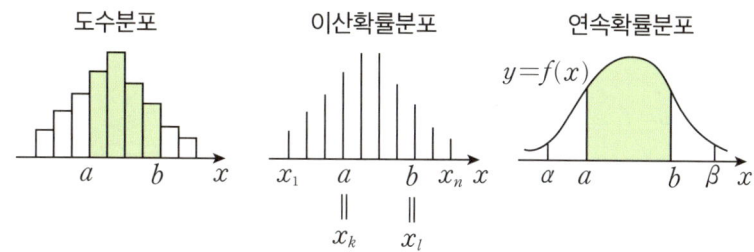

어린 공주는 그림을 보고 연속확률분포가 뭐처럼 보이냐고 나에게 물어 옵니다. 나는 아무 말을 못 하고 있습니다. 어린 공주는 어른들은 보이지 않지만 저 그림 속에는 보아 코끼리의 넓이가 들어 있다고 말합니다.

무슨 소린가 하고 더 이야기를 들어 보니 저 연속확률분포의 그래프는 보아 뱀이 코끼리를 삼킨 그림이라고 어린 공주는 말합니다. 그렇게 생각하니 연속확률분포의 그래프가 정말 보아 뱀이 코끼리를 삼킨 그림 같아 보입니다.

정말 어린 공주의 상상력은 어른들, 아니 수학자의 상상력에 자극을 줍니다. 수학도 이런 어린 동심을 자극하여 만들어진다면 학생들의 미움을 받지 않을 것 같습니다.

그럼 차근차근 도수분포의 그림을 보며 설명해 주겠습니다. 어린 공주가 도수가 안경의 도수를 말하는 것인지 물어 옵니다. 이, 도수란 '몇 명'이라 할 때 명수나 물건을 셀 때 '몇 개'라

하는 것을 통칭하여 이르는 말입니다. 그랜저, 레이, 카니발을 통칭하여 차라고 부르듯이 말입니다.

도수분포와 그래프에서 전체의 넓이를 나타내려면 $\sum f_i$로 만들면 됩니다. 어린 공주가 $\sum f_i$ 이 기호는 너무 어렵다고 합니다. 당연히 그럴 것입니다. 그래서 나는 어린 공주를 위해 이 기호에 대해 자세히 설명하겠습니다.

f_i는 도수 하나하나를 말합니다. 그다음 참새 부리같이 생긴 $\sum$ 이 기호는 다 더하라는 뜻입니다. 그래서 $\sum f_i$는 도수들

을 모두 더하라는 것입니다. 그러자 어린 공주가 말합니다.

"수학자들은 정말 이상한 사람들이에요. 도수들을 다 더하라고 하면 될 걸 왜 이렇게 어려운 기호를 만들어 학생들을 괴롭히는지 이해할 수 없어요."

나는 이런 어린 공주의 마음을 이해합니다. 나는 이 기호가 수학을 좀 더 간단히 하는 것이라는 것을 어린 공주에게 차마 말 못 하겠습니다. 그 어린 마음에 상처를 주기 싫습니다. 그래서 나는 어린 공주에게 $\sum f_i$ 이 기호는 무조건 다 더하라는 것이라고 말합니다.

그다음으로 이산확률분포의 그래프에 대해 어린 공주와 이야기해 봅니다. 다시 기호를 보여 줍니다. 전체의 넓이를 다음과 같이 나타냅니다.

$$\sum_{i=1}^{n} p_i = 1$$

이 기호를 보자 어린 공주의 얼굴이 또다시 어두워집니다. 나는 미안한 마음을 가지고 다시 쉽게 설명을 해 줍니다.

p_i는 이산확률변수의 값이라고 생각하면 됩니다. p라는 기호

는 확률의 의미를 담고 있습니다. a와 b 사이의 이산확률변수의 값들을 다 더하면 그 구간의 값을 나타냅니다.

그런데 이산확률변수의 값들을 모두 더하면 재미난 일이 벌어집니다. 그 값이 언제나 1이 된다는 사실입니다. 어린 공주가 말합니다.

"결국 그들의 마음이 하나가 된 것이로군요."

각기 다른 확률변수의 값들이었지만 $\sum$ 이것을 읽을 때는 시그마라고 함를 통해 하나가 된 것입니다.

이제는 어린 공주가 가장 좋아하는 그림으로 연속확률분포의 그래프입니다. 또다시 기호의 등장입니다.

$$\int_\alpha^\beta f(x)dx = 1$$

어린 공주는 어려운 기호를 보고 너무나 속상해합니다. 나 드무아브르, 그 어린 마음에 상처가 생기지 않도록 기호에 대해 자세히 설명하겠습니다.

나는 앞에서 어린 공주가 가지고 나온 뱀을 들고 나왔습니다. 뱀의 모습을 보세요. 그 모습이 바로 $\int$ 이 기호입니다. 어때요? 친근감이 들지요. 이 뱀의 이름은 인티그럴이라고 합니다. 수학자들은 적분 기호라고 부른답니다. 곡선의 넓이를 구할 때 사용하면 아주 편리합니다.

보세요. 연속확률분포는 코끼리를 잡아먹은 보아 뱀 같은 그림이지요. 그런 곡선의 넓이를 구하는 데는 적분 기호 $\int$인티그럴이 딱입니다. 또 하나! 이 뱀의 비밀을 들려주겠습니다. 이 뱀은 머리와 꼬리의 구분이 확실합니다. 정적분이라는 말은 굳이 하지 않겠습니다. 이해하는 친구들만 이해하세요.

$\int_\alpha^\beta$ 이 뱀의 머리는 β베타로 위 끝을 나타내고요. 이 뱀의 꼬리 α알파는 아래 끝을 나타냅니다. 그래서 이 뱀, 즉 적분 기호를 이용하여 a와 b 사이의 넓이를 구해 보면 $\int_a^b f(x)dx$가 됩니다.

아마도 보아 뱀 속에 들어 있는 코끼리의 넓이라고 생각해도 될 것입니다.

    이상으로 어린 공주와 보아 뱀과 코끼리에 대한 이야기를 모두 마치겠습니다. 다음 수업에서 만나요.

수업 정리

❶ 두 실수 $a, b\,(a<b)$에 대하여 $a \le x \le b, a \le x < b, a < x \le b, a < x < b$를 만족시키는 모든 실수 x의 집합을 각각 구간이라 하고, 이들을 $[a, b]$, $[a, b)$, $(a, b]$, (a, b)로 나타냅니다.

❷ X가 a에서 b까지의 연속적인 값을 가지면서 $a \le \alpha \le \beta \le b$인 임의의 α, β에 대하여 확률 $P(\alpha \le X \le \beta)$가 정해질 때, X를 연속확률변수라 합니다.

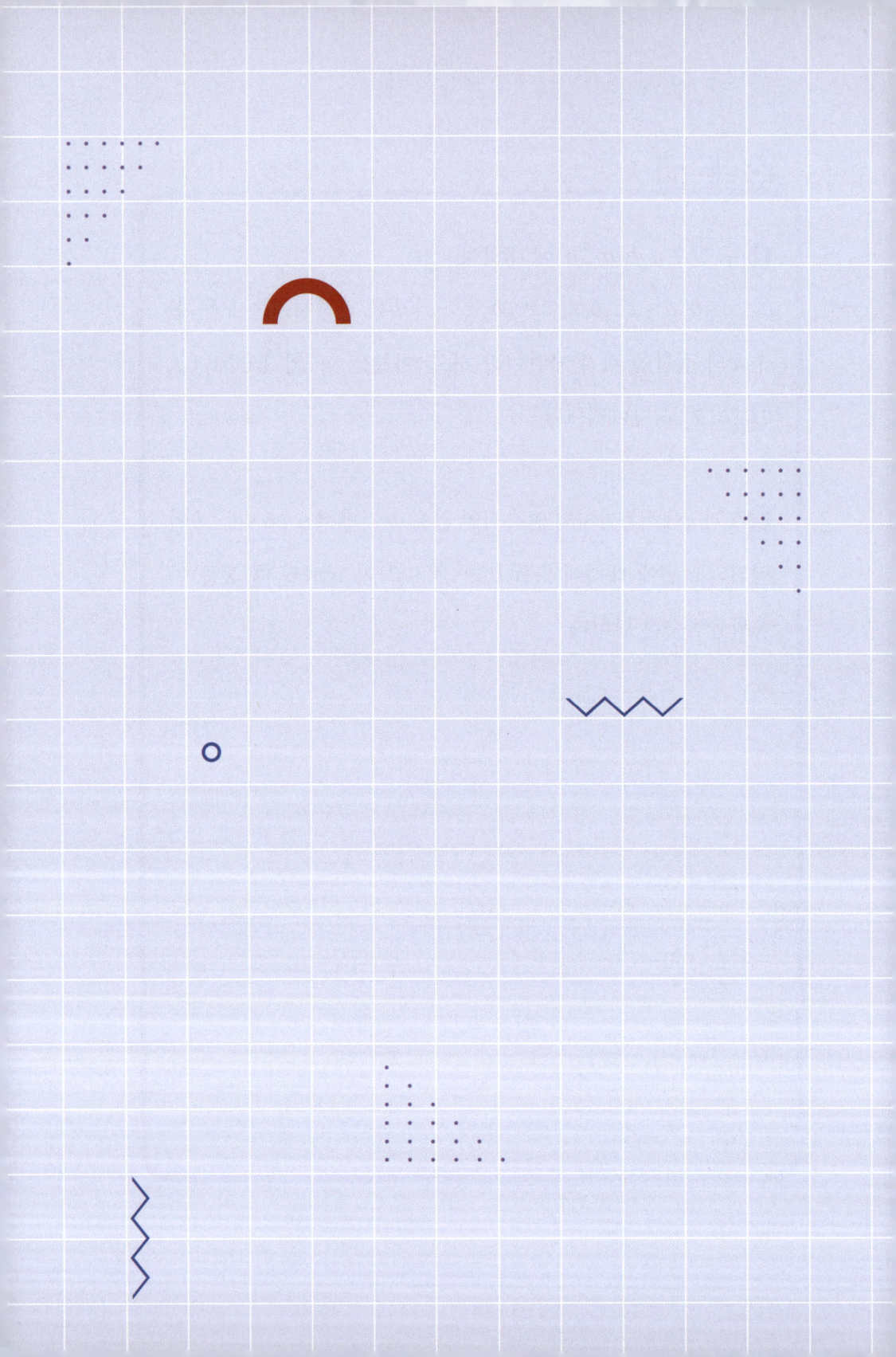

2교시

연속확률분포의 확률 계산

확률밀도함수의 성질을 알고,
연속확률분포에서 확률을 계산해 봅니다.

수업 목표

1. 연속확률분포의 확률 계산을 알아봅니다.
2. 연속확률분포는 구간의 확률만 의미 있음을 배웁니다.

미리 알면 좋아요

1. **히스토그램** 도수분포를 나타내는 그래프로, 관측한 데이터 분포의 특징이 한눈에 보이도록 기둥 모양으로 나타낸 것입니다.

2. **함수** 어떤 집합의 모든 원소에 대해 또 다른 집합의 단 하나의 원소가 짝지어져 있는 관계를 말합니다.

3. **절댓값** 수학에서 절댓값이란, 어떤 실수에서 부호를 제거한 값을 말합니다. 예를 들어, 5와 −5의 절댓값은 둘 다 5가 됩니다.

4. **사다리꼴** 평면기하에서, 사다리꼴은 한 쌍의 대변이 평행한 사각형을 의미합니다.

드무아브르의
두 번째 수업

　나는 오늘 어린 공주에게 연속확률분포의 계산을 가르쳐 주려고 합니다. 기초 지식이 없는 공주에게 차근차근 가르치려고 노력을 하겠습니다. 하지만 뜻대로 될는지…….

　다음 표는 A별 학생 100명의 통학 시간을 조사하여 만든 것입니다. 어느 별이나 학생들은 공부한다고 고생이 많습니다.

계급(분)	도수(명)	상대도수
10이상 ~ 20미만	10	0.1
20 ~ 30	30	0.3
30 ~ 40	50	0.5
40 ~ 50	10	0.1
합계	100	1

이 표를 보자 어린 공주가 질문을 퍼붓기 시작합니다.

"계급이 뭐예요?"

계급이란 변량을 일정한 간격으로 나눈 구간을 말해요.

"그럼 변량은 뭐예요?"

키, 몸무게, 성적과 같이 자료를 수량으로 나타낸 것을 말한답니다.

"아, 그렇군요. 상대도수는 뭔가요? 누구를 상대하는 거지요?"

상대도수는 각 계급의 도수가 전체 도수에서 차지하는 비율을 알기 위하여 각 계급의 도수를 전체 도수로 나눈 값입니다. 상대도수의 총합은 항상 1이 됩니다.

"아! 그래서 상대도수의 맨 밑에 1이라고 적혀 있군요. 신기해요. 왜 1이 나오나요?"

윽, 어린 공주는 질문이 좀 많네요. 어린 공주가 나를 길들이려고 작정했나 봅니다.

> **쏙쏙 이해하기**
>
> 상대도수의 총합
> $= \dfrac{(각\ 계급의\ 도수의\ 합)}{(전체\ 도수)} = \dfrac{(전체\ 도수)}{(전체\ 도수)} = 1$

어린 공주가 내가 써 놓은 공식들을 빤히 쳐다보고는 한마디 합니다.

"수학자들은 참 알 수 없는 사람들이네요."

상대도수의 그래프를 히스토그램으로 그리고, 각 막대의 윗변의 중점을 선으로 연결하여 보겠습니다. 어린 공주가 그림은 자신이 그려 보겠다고 합니다.

어린 공주, 그림에 색칠은 하지 말아 주세요.

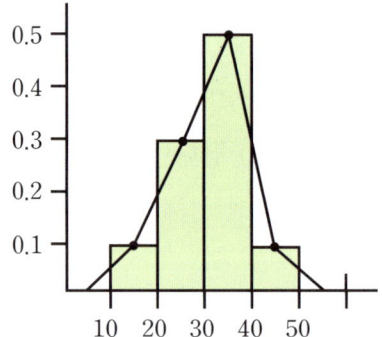

농작물의 무게, 사람의 키, 통학 시간 등을 측정할 때, 그 측정값을 확률변수 X라고 하면 X는 어떤 연속하는 범위 안에서 값을 가지게 됩니다. 이와 같이 어떤 구간의 모든 실숫값을 가지는 확률변수를 연속확률변수라고 합니다.

어린 공주가 말합니다.

"결국 구간이 말썽이야. 그 구간들이 연속확률변수를 불러들인 셈이네."

생각해 보니 그런 것도 같습니다.

연속확률변수가 가지는 값은 무한개이므로 이산확률변수의 경우와는 달리 '$X=a$'의 확률을 계산하는 것은 의미가 없습니다. 그 대신 주어진 구간의 확률을 생각해야 합니다.

"맞네. 구간이 범위인 것 같아요."

금방 이 목소리는 어린 공주의 말입니다.

따라서 '통학 시간이 30분 이상 50분 미만이 될 확률', '키가 170cm에서 180cm 사이에 있을 확률' 등을 생각하는 것이 의미가 있습니다.

앞에 주어진 자료에서 통학 시간을 확률변수 X라고 합시다. 그러면 다음과 같은 문장으로 주어진 사건을 확률변수로 나타낼 수 있습니다.

'통학 시간이 30분 이상 50분 미만.'

이것을 수학 기호로 나타내 보겠습니다.

$30 \leq X < 50$

따라서 '통학 시간이 30분 이상 50분 미만이 될 확률'은 앞에 등장한 상대도수의 분포표를 이용하여 다음과 같이 구할 수 있습니다.

나는 잠시 어린 공주의 눈을 가리고 $P(30 \leq X < 50) = \frac{50}{100} + \frac{10}{100} = 0.6$으로 계산을 했습니다. 어린 공주가 빤히 식을 쳐다보다가 "나도 수학자들에게 길드는구나." 하면서 내가 쓴 식을 이해해 줍니다.

그러나 이 식도 아직 완전한 것은 아닙니다. 도수분포표의 계급의 끝점으로 나타낼 수 없는 괴로운 사건, 이를테면 '통학 시간이 22분 이상 54분 미만'이 될 확률을 상대도수의 분포표 또는 상대도수의 그래프로 상대하기에는 너무나 벅찹니다.

이와 같은 확률을 계산하기 위하여 우리는 죽을힘을 다하여 조사 대상의 수를 늘리고, 상대도수의 분포표에서 계급에게 사정사정하여 그 크기를 줄여서 히스토그램을 그립니다.

다음 그림을 그리느라 얼마나 힘이 들었는지 말도 못 하겠습니다. 손가락에 물집이 잡혔습니다. 아마 그 물집 속에 수많은 세균이 전세금도 걸지 않고 살고 있을지 모르겠습니다. 어린 공주는 그런 사정도 모르고 그 물집에 살고 있는 세균을 위해 전세금을 한 푼도 받지 말라고 나에게 부탁합니다. 여하튼 내가 그린 그림을 보세요.

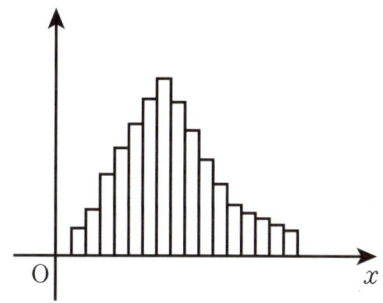

그다음 나는 조사 대상의 수를 한없이 늘리고, 계급의 크기를 0에 가깝게 하면 히스토그램이 다음과 같은 매끄러운 그래프가 된다는 것을 발견해 냈습니다. 그러자 나에게 생긴 물집은 사라졌습니다.

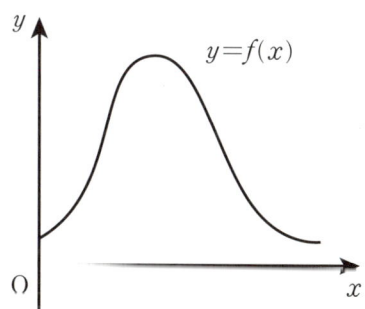

이때 어린 공주 펑펑 울며 왜 물집을 허물었냐고 트집을 잡습니다. 매끄러운 그래프가 생겨서 나는 더 이상 물집 잡힐 일이 없다고 말해 주었습니다. 나를 물집에서 해방시켜 준 이러한 그래프를 갖는 함수 $f(x)$를 우리는 연속확률변수 X의 확률밀도함수라고 합니다.

어린 공주가 물집을 사라지게 한 확률밀도함수를 빤히 쳐다봅니다. 그리고 확률밀도함수의 그래프의 매끄러움에 빠져 표정이 다시 밝아집니다.

일반적으로 어떤 구간에서 연속적으로 변하는 확률변수 X에 대하여 다음 두 가지를 만족하는 함수 $f(x)$를 생각합니다.

첫째, 구간에서 임의의 x에 대하여 $f(x) \geq 0$입니다. 그림이 x축 위에 그려진다는 뜻입니다. 코끼리를 잡아먹은 보아 뱀의 그림을 생각하면 이해하기가 쉬울 것입니다.

둘째, 구간에서 $y=f(x)$의 그래프와 x축으로 둘러싸인 부분의 넓이는 1입니다. 앞에서 한 번 말한 것 같습니다.

이때, 어린 공주가 반박합니다. 앞에서 한 번 말하고 우리가 다 알고 있기를 바라서는 안 된다고 말입니다. 어른들은 어린이보다 더 배려심이 없다고 나를 탓합니다. 미안합니다. 다시 말합니다. 구간에서 $y=f(x)$의 그래프와 x축으로 둘러싸인 부분의 넓이는 1입니다.

드무아브르의 두 번째 수업

앞의 두 조건을 만족하는 함수 $f(x)$가 존재하고, $a<b$인 임의의 실수 a, b에 대하여 $P(a \leq X \leq b) =$ (아래 그림에서 색칠한 부분의 넓이)일 때, 함수 $f(x)$를 X의 확률밀도함수라고 합니다.

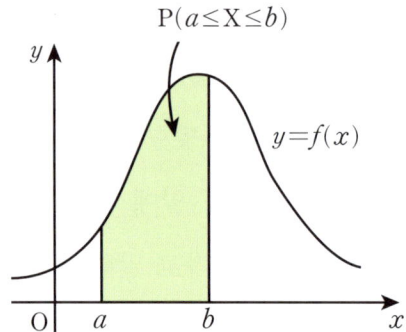

수학자들이 쓰는 어려운 말 한마디 하겠습니다. X의 분포는 확률밀도함수가 $f(x)$인 연속확률분포입니다. 어린 공주의 따가운 시선에 내가 왜 이 말을 했는지 후회합니다. 어린 공주와 나는 여우 같은 확률밀도함수를 찾고 주어진 확률을 찾아볼 것입니다.

쏙쏙 문제 풀기

구간 $[-1, 1]$에서 정의된 함수 $f(x)$에 대하여 다음 함수는 확률밀도함수인가? 확률밀도함수이면 $P(-1 \leq X \leq 0.5)$를 구하여라.

어린 공주가 확률밀도함수를 보고 여우라고 하더니, 확률밀도함수가 어떤 성질을 가지고 있는지 다시 물어봅니다.

확률밀도함수 $f(x)$의 성질은 $f(x) \geq 0$이고, $f(x)$와 x축으로 둘러싸인 부분의 넓이는 1입니다.

이 말을 다시 풀이하면 확률밀도함수 $f(x)$의 값은 음수가 없다는 뜻입니다. 밝은 양과 텅 빈 0이 있을 뿐입니다. 그리고 그들에게는 아주 중요한 $f(x)$와 x축으로 둘러싸인 부분의 넓이는 1이라는 사실입니다. 그 구간 안에서 1인 셈입니다.

문제에 해당하는 보기를 보여 주겠습니다.

① $f(x)=x$ ② $f(x)=x+1$
③ $f(x)=1$ ④ $f(x)=|x|$ ⑤ $f(x)=|x|+1$

①에서 ③까지의 함수는 그럭저럭 어딘가 낯이 익는데, ④와 ⑤의 함수는 x가 스키를 타듯이 양옆으로 작대기가 있다고 어린 공주가 말을 합니다. 하하하! 나는 그 기호는 절댓값 기호이고 그 녀석의 역할은 스키를 타는 것이 아니라 양수든 음수든 양수로 만들어 버리는 기호라고 말해 주었습니다. 아직도 고개

를 갸우뚱거리는 어린 공주를 위해 나는 예를 하나 들어 줍니다.

|−2|=2

보았지요. −2에 절댓값 기호가 붙으면 모두 양수로 바뀝니다. 어린 공주가 양수로 바뀌면 +부호가 있어야 하는 것이 아니냐고 물어 옵니다. 나는 양의 부호 +는 맨 앞에 있을 때는 과감히 생략할 수 있다고 말해 주었습니다.

어이쿠, 이것을 설명하느라고 5분이 흘렀습니다. 보기를 하나씩 알아보도록 합니다.

①은 구간 [−1, 0]에서 $f(x)=x≤0$이므로 확률밀도함수가 아닙니다. 어린 공주는 말보다는 아름다운 그림으로 보여 달라고 합니다.

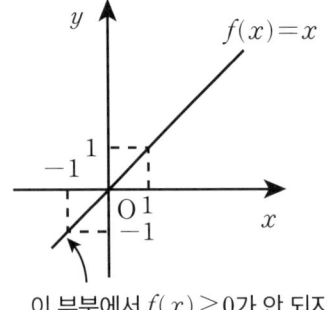

이 부분에서 $f(x)≥0$가 안 되지.

②는 구간 $[-1, 1]$에서 $f(x)=x+1$과 x축으로 둘러싸인 부분의 넓이가 2이므로 확률밀도함수가 아닙니다. 까다로운 확률밀도함수입니다. 넓이가 단지 1이 아닌 이유만으로 확률밀도함수에서 탈락시키다니……. 어린 공주의 부탁으로 다시 그림을 보여 줍니다.

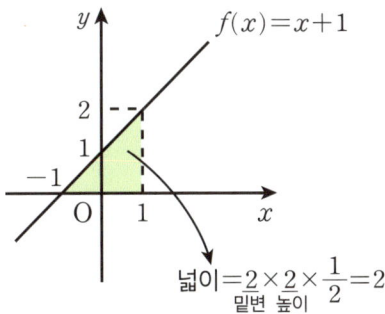

③은 구간 $[-1, 1]$에서 $f(x)=1$과 x축으로 둘러싸인 부분의 넓이가 2이므로 확률밀도함수가 아닙니다. 어린 공주가 말 안 해도 미리 보여 줄게요.

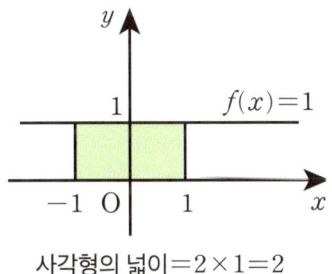

④는 구간 $[-1, 1]$에서 $f(x)=|x|$와 x축으로 둘러싸인 부분의 넓이가 1이고, $f(x) \geq 0$이므로 확률밀도함수입니다. 여우같은 확률밀도함수를 드디어 찾았습니다. 그래서 계산하면

$$P(-1 \leq X \leq 0.5) = P(-1 \leq X \leq 0) + P(0 \leq X \leq 0.5)$$
$$= 1 \times 1 \times \frac{1}{2} + 0.5 \times 0.5 \times \frac{1}{2} = 0.625$$

입니다. 절댓값 기호가 있는 그래프는 앞부분에 나온 〈NEW 수학자가 들려주는 수학 이야기〉 시리즈에 있으므로 여기서는 그리는 방법을 생략하기로 합니다. 어린 공주가 어른들은 늘 그런 식이라고 비난합니다. 어쩔 수 없습니다. 나는 길들여져 있으니까요. 하지만 그림은 보여 주겠습니다.

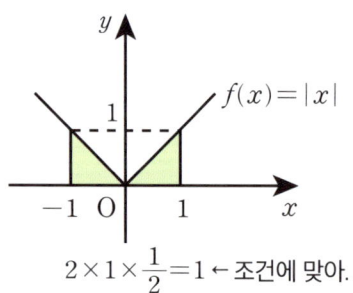

$2 \times 1 \times \frac{1}{2} = 1$ ← 조건에 맞아.

끝으로 ⑤입니다. 구간 $[-1, 1]$에서 $f(x)=|x|+1$과 x축

으로 둘러싸인 부분의 넓이가 $(1+2) \times 1 \times \dfrac{1}{2} \times 2 = 3$이므로 확률밀도함수가 아닙니다. 그림으로 확인해 봅니다.

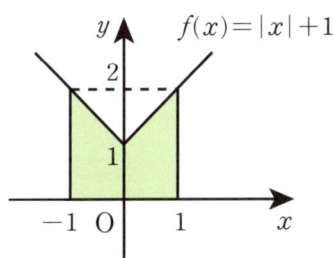

이제 간단한 문제 하나를 풀어 보도록 하겠습니다. 어린 공주가 그럴 줄 알았다며 툴툴거립니다. 할 수 없습니다. 어린 공주도 이제는 수학에 길들여져야 합니다.

쏙쏙 문제 풀기

$0 \leq X \leq 4$인 범위에서 임의의 값을 취하는 확률변수 X의 확률밀도함수가 $f(x) = kx$(k는 상수)라고 한다. 이때 k의 값과 $P(1 \leq X \leq 3)$을 각각 구하여라.

우선, k의 값부터 알아봅니다. 이 문제를 풀려면 확률밀도함수의 성질을 이용해야 합니다. 어린 공주는 남을 이용하는 것은 나쁜 사람이 하는 짓이라고 합니다. 하지만 이 문제는 확률밀도함수의 성질을 이용하지 않고는 풀 수가 없습니다.

$f(x)$가 X의 확률밀도함수이므로 그림에서 색칠한 부분의 넓이는 1이 됩니다.

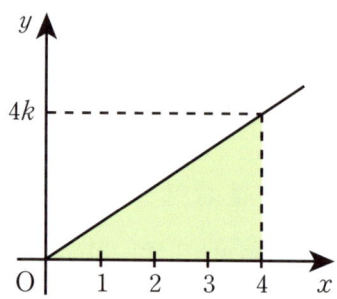

$\frac{1}{2} \times 4 \times 4k = 1, \therefore k = \frac{1}{8}$

어린 공주가 이 계산식을 한참 동안 쳐다보는군요. 아직 수학에 길들여지지 않은 어린 공주를 위해 자세히 풀이해 주겠습니다.

그림에서 빗금 친 부분은 삼각형입니다. 밑변이 4이고 높이는 y축을 보니 $4k$라고 되어 있지요. 그래서 높이가 $4k$이고요. 삼각형의 넓이는 $\frac{1}{2}$을 곱하거나 2로 나누어야 합니다. 여기서는 $\frac{1}{2}$을 곱해 주었답니다.

두 번째로 해결할 P(1≤X≤3)을 알아보도록 합니다. 역시 그림을 보고 생각해 보겠습니다.

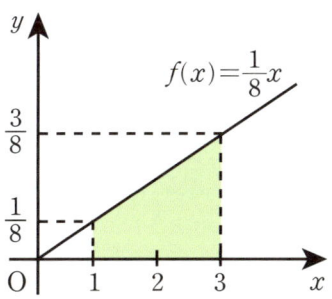

색칠한 넓이를 구하면 되지요. '확률밀도함수'라고 할 때 넓이를 생각하면 딱입니다. 넓이는 $\left(\frac{1}{8}+\frac{3}{8}\right)\times 2 \times \frac{1}{2}=\frac{1}{2}$ 입니다. 어린 공주를 위해 설명을 좀 더 곁들이면 색칠한 넓이는 사다리꼴입니다. 그래서 사다리꼴의 넓이를 구하는 공식이 필요합니다. 사다리꼴의 넓이는 {(윗변+아랫변)}×(높이)×$\frac{1}{2}$입니다. 그림에서 찾아 대입하면 위와 같은 식이 나옵니다. 그래서 답을 구한 것이지요.

내가 이렇게 설명하고 있는 동안 어린 공주는 내 어깨에 기대어 졸고 있습니다. 하늘의 별 하나가 내려와 내 어깨에 기대어 졸고 있습니다. 조용히 이번 수업을 마치고 다음 수업에서 만나요.

수업정리

상대도수는 각 계급의 도수가 전체 도수에서 차지하는 비율을 알기 위하여 각 계급의 도수를 전체 도수로 나눈 값입니다. 상대도수의 총합은 항상 1이 됩니다.

$$상대도수의 총합 = \frac{(각\ 계급의\ 도수의\ 합)}{(전체\ 도수)} = \frac{(전체\ 도수)}{(전체\ 도수)} = 1$$

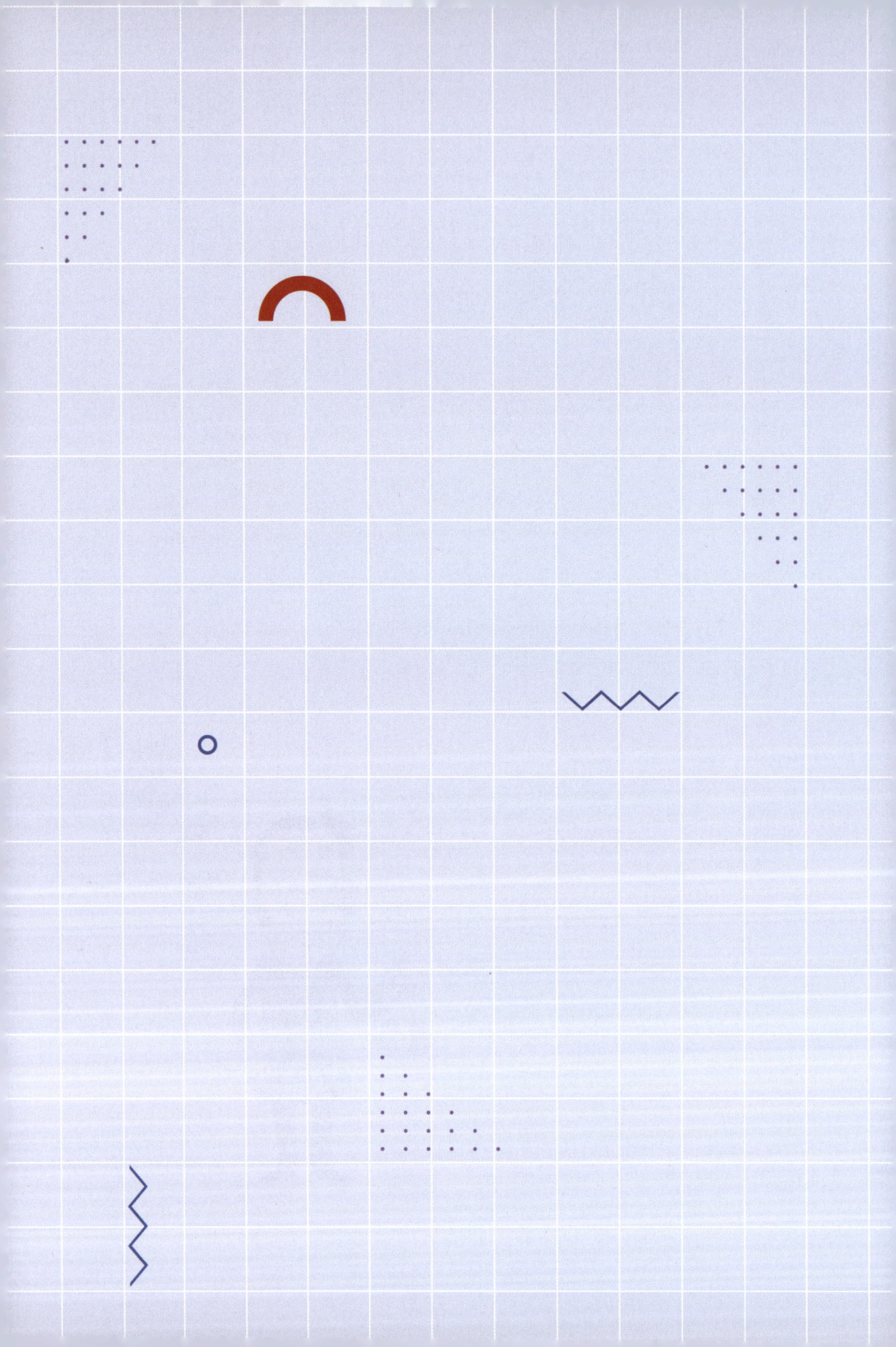

3교시

정규분포

정규분포곡선을 통해
정규분포의 의미와 특징을 알아봅니다.

수업 목표

1. 정규분포의 뜻에 대해 알아봅니다.
2. 정규분포의 특징에 대해 살펴봅니다.

미리 알면 좋아요

1. **가우스** 독일의 수학자. 대수학·해석학·기하학 등 여러 방면에 걸쳐서 뛰어난 업적을 남겨, 19세기 최대의 수학자라고 일컬어집니다. 수학에 이른바 수학적 엄밀성과 완전성을 도입하고, 수리 물리학으로부터 독립된 순수 수학의 길을 개척하여 근대 수학을 확립하였습니다.

2. **표준편차** 자료의 산포도를 나타내는 수치로, 분산의 음이 아닌 제곱근으로 정의됩니다. 표준편차가 작을수록 평균과 변량들의 거리가 가깝습니다.

3. **대칭** 점이나 직선 또는 평면의 양쪽에 있는 부분이 꼭 같은 모양으로 배치되어 있는 것입니다. 식에서 순서를 바꾸어도 같을 때 대칭이라 합니다.

드무아브르의
세 번째 수업

오늘은 정규분포에 대해 배워 보겠습니다. 어린 공주가 정규분포라는 것을 안 배우면 안 되느냐고 나에게 물어 옵니다. 어떻게 해야 할까요? 나는 구석에 가서 울고 있었습니다. 몇 분이 지나고 와서 나에게 어린 공주가 종을 하나 선물하며 정규분포를 공부하자고 합니다.

어린 공주는 정규분포를 처음 발견한 사람이 나라는 것을 알게 되었나 봅니다. 잠시 섭섭했지만 어린 공주가 그 사실을 알게 되어 정말 기쁩니다. 내가 발견한 정규분포는 독일의 수학자인 가우스가 물리학과 천문학 등에 폭넓게 응용하면서 그 기초를 세웠습니다. 이 때문에 정규분포를 가우스 분포라고 하는 사람들도 있어요. 뭐든 좋아요. 내가 발견한 정규분포를 사랑해 주면 나는 다 좋아요.

정규분포는 확률론과 통계학에서 폭넓게 쓰이는 대단히 중요한 분포입니다. 아까 어린 공주가 나를 달래기 위해 종을 가져왔을 때 나는 그 의미를 벌써 눈치챘습니다. 정규분포곡선은 평균 m을 중심으로 좌우 대칭인 종 모양의 곡선이거든요. 어린 공주가 종을 가져온 것은 정규분포에 대해 좀 알게 되었다는 것을 의미합니다. 그 순간 나는 너무 기뻤습니다. 우리는 서로 길들여지고 있는 것이니까요.

그럼 이제 본격적으로 정규분포를 다루겠습니다. 어린 공주를 위해 동화 형식으로 설명하겠습니다.

나는 잠시 곤충 탐험대의 박사로 변신하겠습니다. 짠! 내 복장이 곤충 탐험대처럼 보이나요? 곤충 탐험대가 된 나는 1000마리의 송충이 크기 x를 관찰하여, 다음 그래프와 같은 확률밀도함수 $f(x)$를 구했습니다. 곤충학자로 변신한 내가 자료를 분석한 결과 크기의 평균 $m=1$cm, 표준편차 σ시그마$=0.1$cm였습니다.

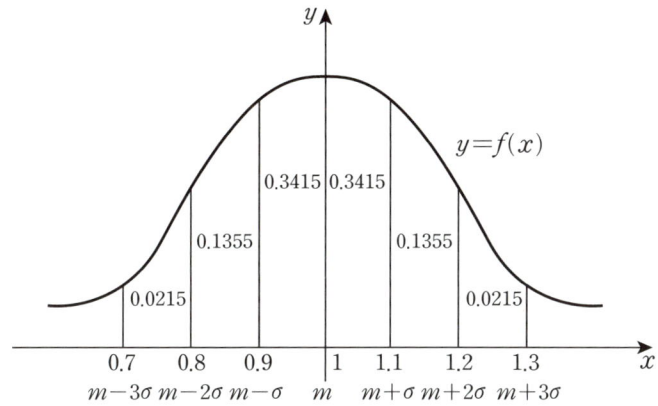

위 그래프를 분석해 보겠습니다.

① 직선 $x=1$평균을 중심으로 대칭임을 알 수 있습니다.
② $x=1$로부터 멀어질수록 $f(x)$의 크기가 점점 작아집니다.
③ 송충이의 크기가 0.9cm~1.1cm$(m-\sigma\sim m+\sigma)$인 것이 전체의 68.3%입니다.
  0.8cm~1.2cm$(m-2\sigma\sim m+2\sigma)$인 것이 전체의 95.4%입니다.
  0.7cm·1.3cm$(m-3\sigma\sim m+3\sigma)$인 것이 전체의 99.7%입니다.

그래프를 잘 보고 하나하나 손으로 짚어 가며 비교해 보세요. 반드시 깨우치는 순간이 올 것입니다. 어린 공주는 가느다란 손으로 짚어 가며 알아 나갑니다.

자연 현상이나 사회 현상에서 얻어지는 자료를 분석해 보면 자료의 확률밀도함수가 송충이 크기의 확률밀도함수와 같이 나타나는 경우가 많습니다. 따라서 앞의 그래프를 식으로 만들어서 그 성질을 정리해 놓으면 새로운 자료를 분석하는 데 도움이 많이 됩니다.

> **쏙쏙 이해하기**
>
> 확률밀도함수를 식으로 나타내면 다음과 같습니다.
> $$f(x) = \frac{1}{\sqrt{2\pi}\sigma} e^{-\frac{(x-m)^2}{2\sigma^2}} \ (단, -\infty < x < \infty)$$

이 식을 보자 어린 공주가 현기증을 느끼며 잠시 쓰러집니다. 그렇습니다. 처음 이 식을 보는 사람은 누구나 느낄 수 있는 현기증입니다. 그런 증상은 당연한 것입니다.

이와 같은 곡선을 <u>정규분포곡선</u>이라고 합니다. 이때, 확률변수 X의 확률분포를 정규분포라 하고, 기호로 $N(m, \sigma^2)$으로 나타냅니다. 확률변수 X가 정규분포 $N(m, \sigma^2)$을 따를 때 평균은 m이고 표준편차는 σ입니다.

어린 공주가 정규분포곡선의 성질에 대해 알고 싶다고 말합니다. 정규분포곡선은 송충이가 기어가는 모습을 하고 있습니다. 어린 공주는 코끼리를 잡아먹은 보아 뱀이라고 말합니다. 아주 끔찍한 모습이라고 재차 이야기합니다. 나는 정규분포곡선은 아주 징그러운 송충이가 기어가는 모습을 순간 포착한 것이라고 말합니다. 서로의 주장이 엇갈리자 한순간 팽팽한 긴장감이 돕니다. 나는 이 어색한 분위기를 피하기 위해 슬그머니 정규분포곡선의 성질에 대해 말합니다.

> 1. 직선 $x=m$에 대하여 대칭입니다.
> 2. $x=m$에서 최댓값 $\dfrac{1}{\sqrt{2\pi}\sigma}$을 갖고 $x=m$에서 멀어질수록 값이 점점 작아져서 0으로 수렴합니다. 즉, x축을 점근선으로 합니다.

어린 공주가 어른들은 자기가 불리해지면 어려운 용어를 사용하여 자신의 주장을 펼치려 한다고 말합니다. 나는 변명하기보다는 수렴이라는 용어에 대해 설명합니다.

수렴은 가까이 가는 상태라고 보면 됩니다. 점근선은 점점 다가가는 기준이 되는 선 정도로 알고 있으면 됩니다. 어린 공주는 이해할지 모르겠습니다.

> 3. 표준편차 σ가 작으면 높고 뾰족한 모양이 되고, 표준편차 σ가 크면 낮고 뭉툭한 모양이 됩니다.

이 말에 관심을 갖는 어린 공주는 좀 더 쉽게 설명해 달라고 나를 조릅니다. 캑캑. 말로 조르지 왜 실제로 목을 조르고 그러는지 간신히 어린 공주의 손을 풀었습니다.

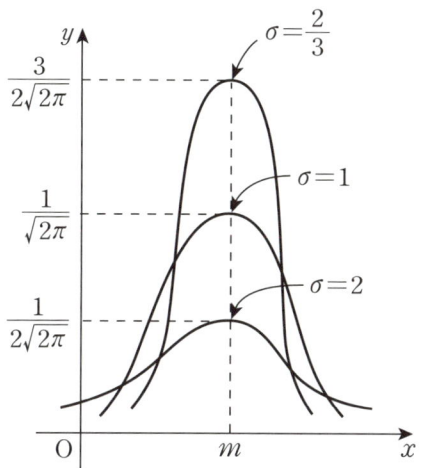

표준편차는 평균과의 차이라고 보면 됩니다. 평균과 차이가 얼마 안 나면 평균에 가깝게 붙어 있게 됩니다. 그래서 평균과 차이가 적으면 평균에 많이 몰려 있으니 뾰족한 종 모양이 됩니다. 반대로 평균과 차이가 많이 나면 옆으로 흩어져 있으므로 낮고 뭉툭한 그림이 나오는 것입니다.

4. σ의 크기가 일정할 때 m의 값이 변하면 그래프의 모양은 일정하게 유지되면서 위치만 x축의 방향으로 이동합니다.

그래프 모양을 보니 송충이가 기어가는 모습 같지요?

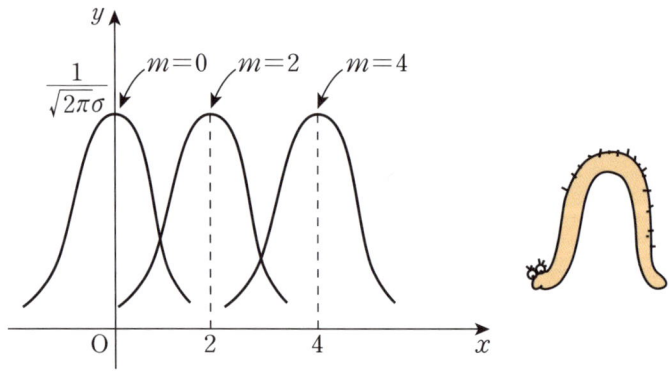

5. 곡선과 x축 사이의 넓이는 1입니다.

이때, 어린 공주는 코끼리를 잡아먹은 보아 뱀이 아니고 송충이라고 한 말에 엄청 실망했는지 아주 큰 소리로 울기 시작합니다. 얼마나 울었으면 땅에서 1cm 정도의 눈물이 차올랐습니다. 내가 그린 송충이는 그 물에 다 휩쓸려 가고 나는 어린 공주를 위해 보아 뱀과 코끼리를 이용하여 정규분포곡선을 설명합니다.

정규분포곡선을 통하여 $P(m-\sigma \leq X \leq m+\sigma)$, $P(m-2\sigma \leq X \leq m+2\sigma)$, $P(m-3\sigma \leq X \leq m+3\sigma)$를 구할 수 있습니다. 어린 공주가 울음을 그치고 이것을 보아 뱀과 코끼리를 이용하여 구해 보자고 합니다. 이 부탁을 들어주지 않는다면 나의 고막_{어린 공주의 울음소리는 굉장히 큽니다.}은 남아나지 않을 것입니다.

그래서 나는 한 마리의 보아 뱀과 세 마리의 크기가 다른 코끼리를 구해 왔습니다. 처음으로 작은 코끼리와 보아 뱀을 이용하여 $P(m-\sigma \leq X \leq m+\sigma)=0.683$을 알아보겠습니다. 그림을 보면 알 수 있습니다.

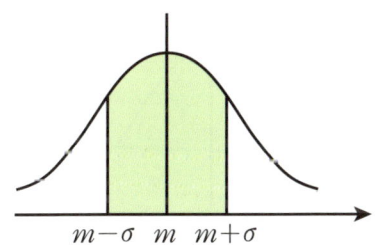

따라서 색칠한 부분의 넓이는 0.683입니다.

보아 뱀이 작은 코끼리를 소화시킬 수 있도록 어린 공주와 나는 쉬면서 한 달을 기다렸습니다. 30일이 지난 후, 나와 어린 공주는 두 번째 크기의 코끼리와 보아 뱀으로 또 그림을 그립니다. 이번에는 P($m-2\sigma \leq X \leq m+2\sigma$)=0.954임을 그림으로 나타내 봅니다.

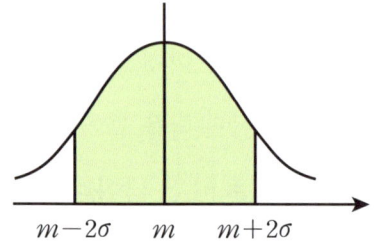

따라서 색칠한 부분의 넓이는 0.954입니다. 이번에는 코끼리가 좀 커서 45일을 기다립니다. 이제 가장 큰 코끼리를 가지고 그림을 그려 보겠습니다. P($m-3\sigma \leq X \leq m+3\sigma$)=0.997입니다.

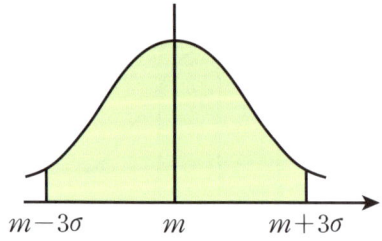

따라서 색칠된 부분의 넓이는 0.997입니다.

평균과 표준편차의 크기에 상관없이 어떤 확률변수가 정규분포를 따른다면 앞의 식들은 항상 성립한다고 합니다. 어린 공주가 어느 별에서나 항상 성립하는지 물어 옵니다. 그렇습니다. 정규분포를 따른다면 항상 성립합니다. 이 사실은 지구별에서는 항상 메아리로 되돌아올 것입니다. 그래서 그런지 정규분포곡선의 성질 역시 메아리 되어 돌아옵니다.

평균이 m이고, 분산이 σ^2인 정규분포곡선은 다음과 같은 성질을 가집니다, 가집니다, 가집니다…….

직선 $x=m$에 대하여 대칭이고, $x=m$에서 최댓값을 가집니다. 그림을 잘 떠올려 보세요. 송충이의 등을 생각하면 됩니다.

x축을 점근선으로 합니다. 그렇지요. 송충이가 땅을 점근선으로 기어가듯이 말입니다.

곡선과 x축 사이의 넓이는 1입니다. 전체라는 개념으로 생각하거나 보아 뱀이 코끼리를 삼켰다는 것은 일을 낸 것이니까요. 그래서 1이라고 생각해도 됩니다.

구간 $(m-\sigma, m+\sigma)$에서 곡선과 x축으로 둘러싸인 부분의 넓이는 전체의 68.3%입니다. 외우기 힘든 수이지요. 구간 $(m-$

$2\sigma, m+2\sigma)$으로 둘러싸인 부분의 넓이는 전체의 95.5%입니다. 그리고 구간 $(m-3\sigma, m+3\sigma)$으로 둘러싸인 부분의 넓이는 전체의 99.7%입니다.

m이 일정할 때, σ가 커지면 곡선은 양쪽으로 퍼지고 σ가 작아지면 곡선은 가운데로 좁아집니다. σ시그마가 뭐냐고요. 표준편차를 말합니다. 표준편차가 뭐냐고요. 평균과 떨어져 있는 변량들의 평균에 손질을 좀 한 것입니다. 아, 분산을 길들인 것이지요. σ가 일정할 때, m이 변하면 대칭축의 위치는 바뀌지만 곡선의 모양은 같습니다. 그 말은 송충이가 등을 구부리며 이동하는 그림을 생각해 보면 이해가 될 것입니다.

송충이가 징그럽다고 생각하지 말고 학습 도구로 정규분포곡선을 이해하는 데 사용해 보세요. 그럼 송충이를 끝으로 이번 수업을 마칩니다.

수업정리

정규분포의 확률밀도함수를 식으로 나타내면 다음과 같습니다.

$f(x) = \dfrac{1}{\sqrt{2\pi}\sigma} e^{-\dfrac{(x-m)^2}{2\sigma^2}}$ (단, $-\infty < x < \infty$)

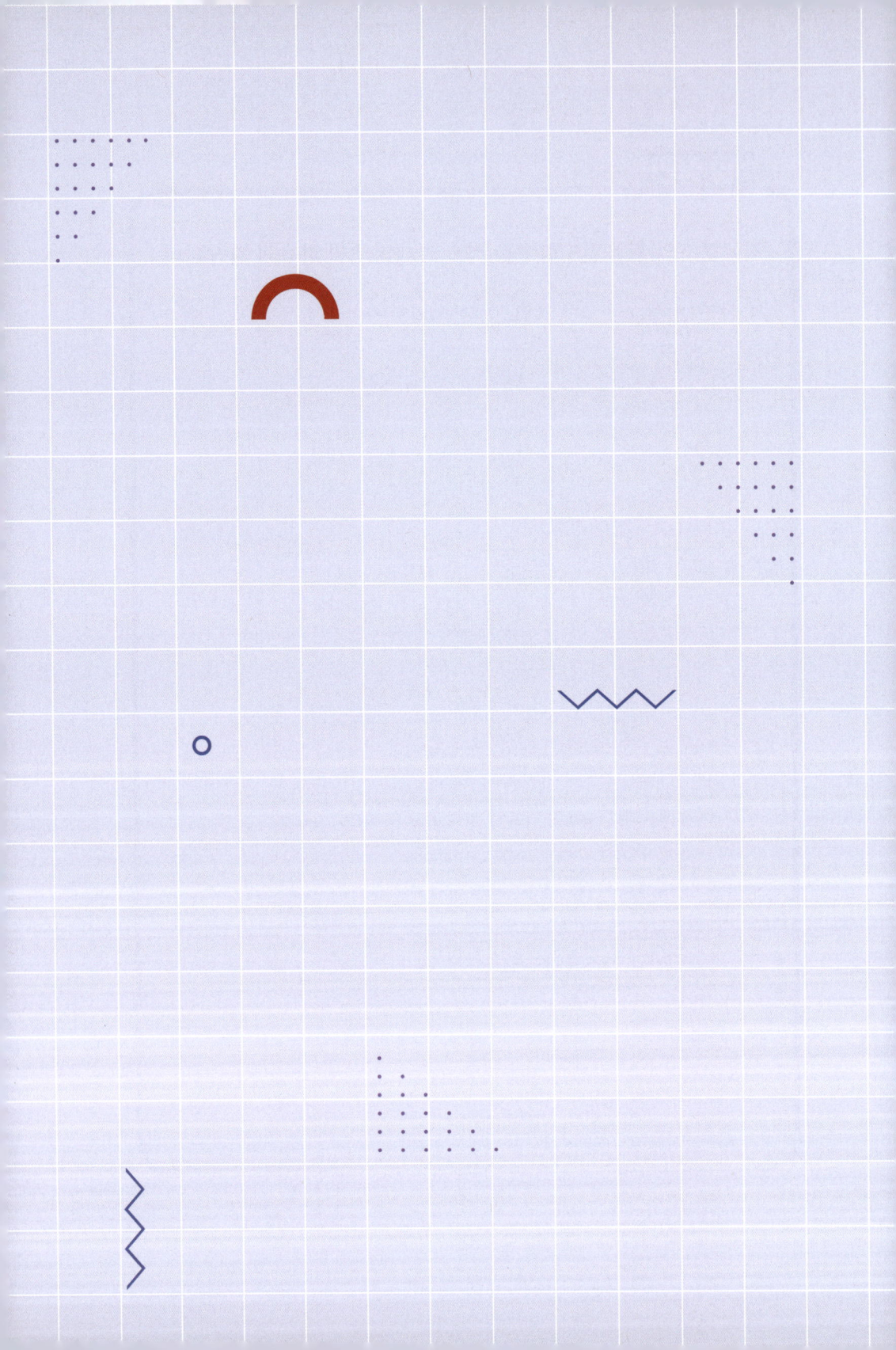

4교시

정규분포의 확률 계산

표준화한다는 것은 무슨 뜻일까요?
정규분포의 표준화에 대해 자세히 알아봅니다.

수업 목표

1. 표준정규분포에 대해 알아봅니다.
2. 정규분포의 표준화에 대해 알아봅니다.
3. 표준정규분포표에 대해서도 알아봅니다.
4. 확률을 계산해 봅니다.

미리 알면 좋아요

1. **확률변수** 확률론에서 확률변수는 확률분포에 의해 임의의 값을 갖는 양입니다.

2. **대칭이동** 주어진 도형을 점, 선, 면에 대하여 대칭적으로 옮기는 것을 말합니다.

3. **분산** 통계에서 각 변량의 값과 평균의 차이의 제곱의 평균을 말합니다.

드무아브르의 네 번째 수업

표준정규분포

어린 공주가 어디서 들었는지 나에게 와서 표준정규분포에 대해 물어 옵니다. 평균이 0, 표준편차가 1인 정규분포 N(0, 1)을 표준정규분포라고 합니다. 표준정규분포를 따르는 확률변수 x의 확률밀도함수는 다음과 같습니다.

$$f(x) = \frac{1}{\sqrt{2\pi}} e^{-\frac{x^2}{2}} \;(단, -\infty < x < \infty)$$

어린 공주가 왜 번거롭게 표준정규분포를 알아야 하는지 물어 옵니다. 그래서 나는 핸드폰 충전기는 어느 핸드폰이나 마찬가지인 것을 예로 들어 줍니다. 핸드폰 종류는 다 달라도 충전기는 모든 핸드폰에 다 이용할 수 있습니다. 바로 이것이 표준화 작업입니다. 그렇기 때문에 표준정규분포를 배우는 것입니다.

일정 구간의 확률을 구하려면 구할 때마다 적분해야 하는데 확률밀도함수를 보면 알겠지만 지수 형태, 즉 제곱이 포함되어 있어서 근삿값을 구하는 데 시간이 걸립니다.

그런데 다행스럽게도 모든 정규분포를 표준화시키면 N(0, 1)을 따릅니다. N(0, 1)에 관한 확률은 정리해 놓은 표가 있기 때문에, 표준화 작업을 통해서 간단히 구할 수 있습니다.

정규분포의 표준화

정규분포의 표준화에 대해 알아보도록 합니다.

정규분포 $N(m, \sigma^2)$을 따르는 확률변수 X를 표준정규분포 N(0, 1)을 따르는 확률변수 $Z = \dfrac{X-m}{\sigma}$으로 변화시키는 것을 표준화라고 합니다. "아, 저게 바로 핸드폰 충전기라는 말이죠."라고 어린 공주가 이상한 말을 합니다. 문제를 하나 풀어 봅시다.

쏙쏙 문제 풀기

확률변수 X가 정규분포 $N(70, 3^2)$을 따른다고 합시다.
이때 $P(67 \leq X \leq 73)$을 구하세요.

P(67≤X≤73)은 아래의 그림에서 색칠한 부분의 넓이를 나타냅니다.

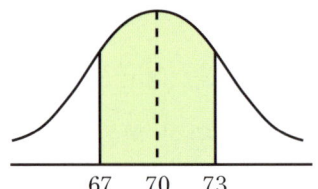

그런데 $m=70, \sigma=3$이므로 $67=70-3=m-\sigma, 73=70+3=m+\sigma$가 됩니다.

따라서 P(67≤X≤73)=P($m-\sigma$≤X≤$m+\sigma$)의 꼴로 생각할 수 있습니다. P($m-\sigma$≤X≤$m+\sigma$)의 값은 0.683이라고 앞에서 말했지요. 그리하여 답을 구한 것입니다.

표준정규분포표

앞에서 정규분포의 표준화에 대해 공부했습니다. 이제는 표준정규분포표를 이용하는 방법에 대해 알아보겠습니다.

예를 들면 P(0≤Z≤1.25)의 값은 표준정규분포표의 왼쪽에 있는 수의 열에서 1.2를 찾은 다음 위쪽에 있는 수의 행에서 0.05를 찾아 열과 행이 만나는 곳의 수를 찾습니다.

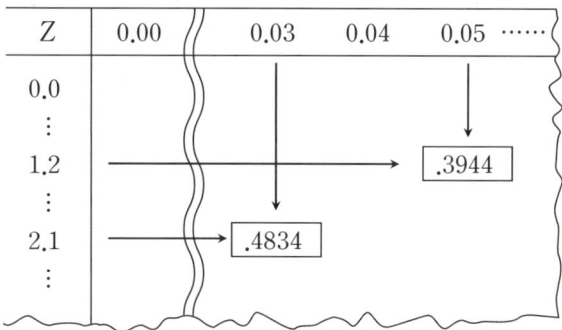

P(0≤Z≤1.25)=0.3944

P(0≤Z≤2.13)=0.4834

이제 정규분포의 확률을 구하기 전에 그에 관련된 것을 준비해 보겠습니다. 정규분포곡선 $y=f(x)$는 $x=m$에 대하여 대칭이므로, 다음 식들이 성립합니다. 단, a는 양수

드무아브르의 네 번째 수업

$$P(m-a \leq X \leq m)$$
$$=P(m \leq X \leq m+a)$$
$$=\frac{1}{2}P(m-a \leq X \leq m+a)$$

문자와 식을 통해서 위 사실을 보니 여러분도 어린 공주처럼 머리가 아플 것입니다. 그래서 그림으로 이해하도록 합니다.

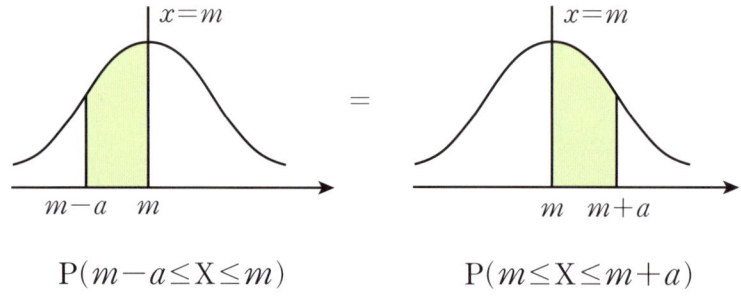

그림에 대한 이야기를 나누어 볼까요? 일반적으로 왼쪽에 있는 그림보다는 오른쪽에 있는 그림이 생각하기 쉽습니다. 왜냐하면 왼쪽의 변수에는 음수가 등장할 수 있기 때문입니다. 넓이 계산에서 음수는 좀 신경이 쓰이는 존재거든요. 그래서 좌우 대칭인 정규분포곡선의 그림에서는 오른쪽으로 대칭이동시켜 생각하면 수월합니다.

또 두 개의 그림을 다 더해서 2로 나눈다고 생각해도 됩니다. 그게 바로 $\frac{1}{2}P(m-a \leq X \leq m+a)$입니다.

이처럼 여러 가지로 표현할 수 있습니다. 즉, 표현의 자유라고 할 수 있습니다. 어린 공주는 그 표현의 자유는 학생들에게 괴로움을 줄 수 있다고 예리한 지적을 합니다. 그렇습니다. 수학 선생님들은 수학의 풀이는 여러 가지가 있을 수 있어서 좋다고 하지만 배우는 학생들에게는 큰 고통이지요. 한 가지도 싫은데 말입니다.

수학은 말이에요. 패턴입니다. 패턴이란 일정한 형태나 양식 또는 유형, 모형, 본새, 틀을 말합니다. 다음 식의 패턴을 살펴봅니다.

$$P(X \leq m-a)$$
$$= P(X \geq m+a)$$
$$= \frac{1}{2}\{1 - P(m-a \leq X \leq m+a)\}$$

일단 무섭게 생긴 식은 잠시 제쳐 두고 그림을 보세요. 코끼리를 삼킨 보아 뱀 그림을요.

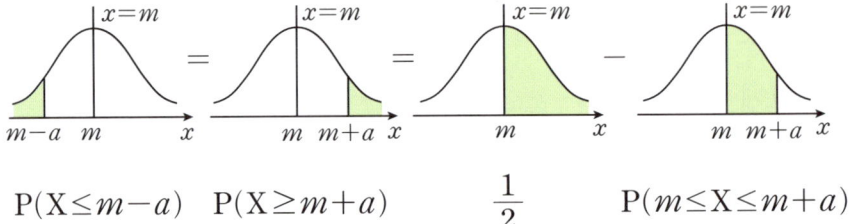

이 그림을 이해하면 재미를 느낄 수 있습니다. 순서대로 설명해 보겠습니다.

일단 왼쪽을 양수화하기 위해 오른쪽으로 보냅니다. 넓이는 똑같으니까요. 그런데 어떤 값보다 작거나 같은 것은 오른쪽으로 넘기면 어떤 값보다 크거나 같은 것으로 바뀝니다. 그래서 부등호의 방향이 반대로 변한 것입니다.

그다음은 전체가 1이니까 그것의 반으로 $\frac{1}{2}$이 생기고 그 $\frac{1}{2}$에서 m과 $m+a$ 사이의 부분을 빼면 나머지는 자동으로 두 번째 부분이 됩니다. m에서 $m+a$까지의 확률을 구하는 방법을 가르쳐 주는 문제들이 곧 등장해요.

어린 공주는 어른들은 언제나 문제만 생각하는 것 같다며 비난합니다. 문제를 많이 생각해서 어린이들보다 어른들이 문제가 더 많이 생기나 봅니다.

응용 부분을 연습했으니 같은 유형을 하나 더 봅니다. 이번 유형만 익히면 아마 더 이상의 유형은 없을 것입니다.

$$P(X \leq m+a) = P(X \geq m-a)$$
$$= \frac{1}{2} + P(m-a \leq X \leq m)$$
$$= \frac{1}{2} + P(m \leq X \leq m+a)$$

그림을 보고 나서 이야기 나누도록 합니다.

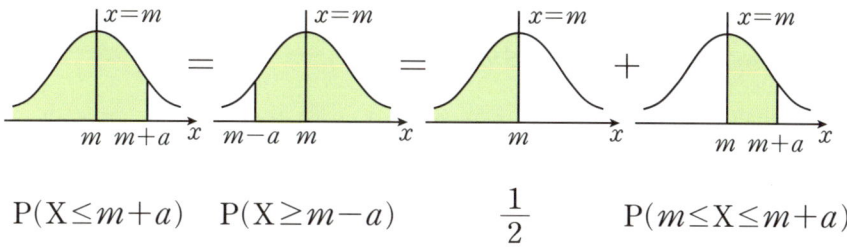

두 번째에서 세 번째로 넘어가는 장면에서 좀 더 설명하겠습니다. 전체가 1이니까 반은 무조건 $\frac{1}{2}$이 됩니다. 그리고 m을 중심으로 $m+a$가 알기 쉬우므로 그 사이 범위로 대칭이동시켜서 더하면 됩니다. 식들이 많이 어렵다면 그림과 같이 이해하도록 합니다.

지금까지는 표준화하지 않은 식들을 알아보았습니다. 이제는 표준화를 이용하는 좀 더 간단한 방법을 알아보도록 합니다. 다음은 표준정규분포 $N(0, 1^2)$을 따르는 확률변수 Z에 대하여 $P(0 \leq Z \leq z)$를 정리하여 놓은 표준정규분포표입니다.

z	0	0.5	1	1.5	2	2.5	3
$P(0 \leq Z \leq z)$	0	0.1915	0.3413	0.4332	0.4772	0.4938	0.4987

어린 공주가 위 표는 무엇에 쓰는 물건인지 물어 옵니다. 위의 표는 표준정규분포에서 $z=0, 0.5, 1, 1.5, 2, 2.5, 3$에 대한 $P(0 \leq Z \leq z)$를 나타낸 것입니다.

확률변수들이 정규분포를 따라가고 있습니다. 어린 공주에게 뭐 하는 거냐고 물어보니, 확률변수들이 표준화를 통하여 표준정규분포의 꼴로 변하기 위해서라고 합니다. 어린 공주가 확률변수들을 길들이고 있는 것 같습니다.

표준화로 길들여지면 어떤 점이 좋을까요? 표준화되면 원래의 정규분포보다 훨씬 간단해집니다.

예를 들어, 확률변수 X가 $N(5, 2^2)$을 따른다고 합시다. 이때 X의 평균은 5, 표준편차는 2입니다. 그러면 표준화를 이용하여 $P(5 \leq X \leq 7)$을 구해 보겠습니다.

$$Z = \frac{X-m}{\sigma}$$

앗, 갑자기 처음 보는 공식이 나왔다고요? 아닙니다. 앞에서 표준화시키는 공식이라고 말했습니다. 하지만 부담 갖지 마세요. 어차피 다시 설명할 테니까요.

$Z=\frac{X-m}{\sigma}$ 이 공식은 표준화를 위한 공식입니다. m은 평균이고 σ는 표준편차입니다.

이 공식을 뇌에 꽂아 둔 채 $P(5 \leq X \leq 7)$을 표준화를 통해 고쳐 보겠습니다.

$P(5 \leq X \leq 7)$
$= P\left(\frac{5-m}{\sigma} \leq \frac{X-m}{\sigma} \leq \frac{7-m}{\sigma}\right)$
$= P\left(\frac{5-5}{2} \leq Z \leq \frac{7-5}{2}\right)$
$= P(0 \leq Z \leq 1)$

Z는 표준화된 확률변수입니다. 어린 공주가 Z가 마징가 Z이면 정의를 위해 수학을 없애 줄 텐데, 하면서 아쉬워합니다.

Z는 N(0, 1²)을 따릅니다. 앞에서 본 표를 여기서 사용하게 됩니다. 그 표 이름이 표준정규분포표입니다. 표준정규분포표를 이용하면 P(0≤Z≤1)의 값을 쉽게 구할 수 있습니다.

즉, P(5≤X≤7)=P(0≤Z≤1)=0.3413입니다. 표를 다시 한번 보세요. 0.3413을 찾아보면 이해가 됩니다.

표준정규분포표에는 P(0≤Z≤z)의 값들이 나타나 있습니다. P(a≤Z≤b)를 구하라는 문제가 나오면 P(0≤Z≤z)의 꼴로 변형하여 문제를 풀면 됩니다.

몇 가지의 응용을 그림으로 보여 주겠습니다. 다음 식들은 표준정규분포곡선이 $x=0$에 대하여 대칭이기 때문에 항상 성립합니다.

P(−a≤Z≤0)=P(0≤Z≤a)

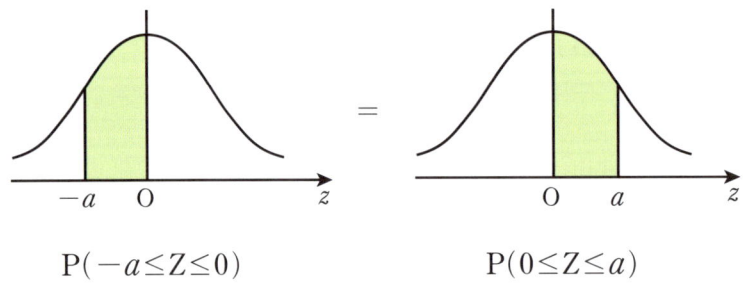

표준화되기 전 정규분포에서 유사품을 봤지요. 이 그림이 표준화된 정품입니다. 다음도 보아 뱀이 코끼리를 잡아먹는 끔찍한 장면입니다.

$$P(Z \leq -a) = P(Z \geq a) = \frac{1}{2} - P(0 \leq Z \leq a)$$

P(Z≤−a)　　P(Z≥a)　　$\frac{1}{2}$　　P(0≤Z≤a)

이 그림도 앞에서 본 형태이지요. 평균이 0으로 바뀌었다는 사실을 빼고는 똑같습니다. 곡선과 x축 사이의 넓이가 1이고 그 반은 언제나 $\frac{1}{2}$이 된다는 사실에 유의하세요. 반반한 녀석의 특징을 꼭 기억해야 합니다.

$$P(Z \leq a) = P(Z \geq -a) = \frac{1}{2} + P(0 \leq Z \leq a)$$

P(Z≤a)　　P(Z≥ a)　　$\frac{1}{2}$　　P(0≤Z≤a)

식을 이해하려는 것보다는 그림으로 이해하는 것이 더 편리할 것입니다.

P($a \leq Z \leq b$)에 해당하는 부분을 색칠한 후에 앞의 세 식을 이용하여 P($0 \leq Z \leq z$)의 꼴로 변형시키면 표준정규분포표를 이용하여 P($a \leq Z \leq b$)을 구할 수 있습니다. 내가 이 말을 하고 있는데 어린 공주가 나를 째려봅니다. 남을 이용하는 것은 나쁜 짓이라고 합니다. 하지만 식을 이용하는 것은 남을 속이는 것이 아니라고 말했습니다. 그러나 어린 공주는 끝까지 이용하는 것은 나쁘다고 말합니다. 여러분이 판단해 주세요. 식을 이용하는 것은 정당하다고요.

아마 어린 공주는 너무 많은 보아 뱀이 코끼리를 잡아먹어서 마음이 아팠나 봅니다. 그래서 나는 사실을 말할 순간이 다가온 것으로 판단하였습니다. 이제 어린 공주에게 정규분포곡선의 진실을 말해 주려고 합니다.

무엇인가를 조사하고 난 다음 계급의 너비를 작게 하여 상대도수의 히스토그램을 그리면 자료의 개수가 커짐에 따라 다음의 오른쪽과 같은 곡선에 가까워집니다.

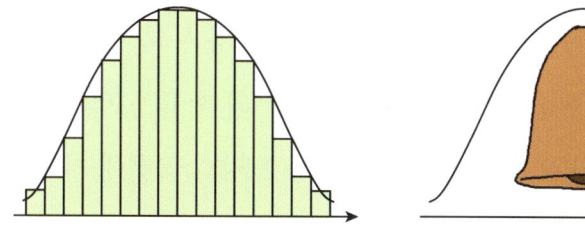

어린 공주의 말처럼 정규분포의 곡선은 보아 뱀이 코끼리를 삼킨 것이 아니랍니다.

사람의 키나 몸무게 또는 측정에 의한 오차 등과 같이 자연현상이나 사회 현상에서 나타나는 대부분의 확률분포의 확률밀도함수는 앞의 오른쪽 그림과 같이 종 모양의 곡선에 가까워집니다. 어린 공주는 나의 말에 약간 실망을 하지만 그래도 보아 뱀이 코끼리를 삼킨 것이 아니라 다행으로 여깁니다.

확률변수 X가 확률밀도함수로 주어진 정규분포를 따를 때, 평균과 분산은 각각 다음과 같습니다.

$$E(X)=m, V(X)=\sigma^2$$

확률밀도함수는 평균 m과 분산 σ^2에 의하여 결정됩니다. 그들의 운명은 그런 것입니다. 이와 같은 확률밀도함수를 갖는 정규분포를 기호로 $N(m, \sigma^2)$으로 나타냅니다. 여기서 N은 Normal distribution정규분포의 머리글자입니다. 이 내용도 분명 앞에서 다루었습니다. 하지만 한 번 더 이야기해 주는 것이 여러분에게 도움이 될 것 같습니다.

여기에 이어서 정규분포 $N(m, \sigma^2)$에서 평균 $m=0$이고 분산 $\sigma^2=1$일 때, 즉 정규분포 $N(0, 1)$을 표준정규분포라고 합니다.

사실은 표준정규분포를 많이 사용합니다.

정규분포의 표준화 과정을 살짝 소개하겠습니다.

X가 이산확률변수일 때, 새로운 확률변수 $Y=aX+b$ (a, b는 상수에 대하여

$$E(Y)=aE(X)+b,\ V(Y)=a^2V(X)$$

가 성립합니다. 《베르누이가 들려주는 확률분포 이야기》에 나와 있습니다. 이와 마찬가지로 연속확률변수 X에 대하여 새로운 확률변수 $Z=aX+b$에 대해서도 다음이 성립합니다.

$$E(Z)=aE(X)+b,\ V(Z)=a^2V(X)$$

위의 이산확률변수와 똑같습니다. 다만 Y 자리의 주인이 Z로 바뀌었습니다. 새 주인은 연속확률변수의 값입니다.

일반적으로 확률변수 X가 정규분포 $N(m, \sigma^2)$을 따를 때,

$$Z=\frac{X-m}{\sigma}$$

으로 놓으면 $E(X)=m$, $V(X)=\sigma^2$이므로 확률변수 Z의 평균은 다음과 같습니다.

$$E(Z)=E\left(\frac{X-m}{\sigma}\right)=\frac{1}{\sigma}(E(X)-m)=\frac{1}{\sigma}(m-m)=0$$

어렵더라도 계산 과정을 잘 살펴보아야 합니다. 그리고 평균이 0이 나왔다는 것을 알아 두세요. 다음은 분산에 대한 것입니다.

$$V(Z)=V\left(\frac{X-m}{\sigma}\right)=\frac{1}{\sigma^2}V(X)=\frac{\sigma^2}{\sigma^2}=1$$

이렇게 나온 이유는 $E(Z)=aE(X)+b$, $V(Z)=a^2V(X)$라는 사실을 이용했기 때문입니다.

따라서 확률변수 Z는 표준정규분포 $N(0, 1^2)$을 따릅니다. 이와 같이 정규분포 $N(m, \sigma^2)$을 따르는 확률변수 X를 표준정규분포 $N(0, 1^2)$을 따르는 확률변수 Z로 바꾸는 것을 표준화한다고 합니다.

이제 끝으로 정규분포의 확률 구하는 문제를 풀고 이번 교시를 정리하도록 합니다.

쏙쏙 문제 풀기

확률변수 X가 정규분포 $N(100, 5^2)$을 따를 때, 표준정규분포표를 이용하여 다음 확률을 구하세요.

$$P(92 \leq X \leq 107)$$

Z	$P(0 \leq Z \leq z)$
1.4	0.4192
1.6	0.4452
2	0.4772
2.6	0.4953

문제에 주어진 숫자가 너무 큽니다. 수를 작게 만드는 것이 바로 표준화 작업입니다. 작업 도구를 준비하세요.

X가 $N(100, 5^2)$을 따르므로 $m=100$, $\sigma=5$입니다. 따라서 $Z=\dfrac{X-100}{5}$으로 표준화시킵니다. 작업 도구가 다 준비되었으니 고쳐 보도록 합니다.

X=92일 때, $Z=\dfrac{92-100}{5}=-1.6$

X=107일 때, $Z=\dfrac{107-100}{5}=1.4$

표준화를 통해서 수가 작아졌습니다. 그리고 1.6과 1.4는 표에 나온 수이기도 합니다. 첫째 줄과 둘째 줄에 나와 있지요. ㅡ마이너스는 신경 쓰지 마세요. ㅡ는 오른쪽으로 보내어 양수화하는 기술을 앞에서 배웠으니까요.

$$P(92 \leq X \leq 107) = P(-1.6 \leq Z \leq 1.4)$$
$$= P(0 \leq Z \leq 1.6) + P(0 \leq Z \leq 1.4)$$
$$= 0.4452 + 0.4192$$
$$= 0.8644$$

표를 잘 보면 이해가 될 겁니다. 하지만 표보다는 그림으로 이해하는 것이 쉬울 수도 있습니다. 그림으로 마무리 짓겠습니다.

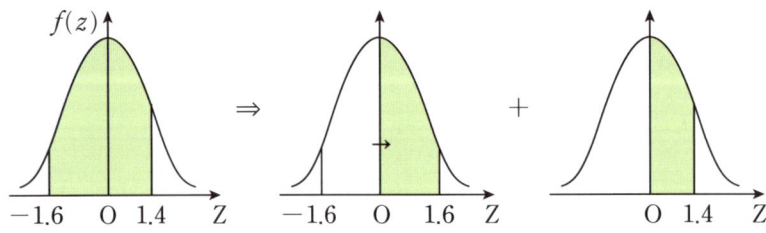

왼쪽에 있는 것은 오른쪽으로 옮기고 오른쪽에 원래 있던 것과 넓이를 더해서 확률을 알아보면 됩니다. 어린 공주는 음수보다는 양수가 훨씬 밝고 좋다고 합니다. 서로 밝은 미소를 지으며 이번 수업을 마칩니다.

수업정리

❶ 정규분포의 표준화

정규분포 $N(m, \sigma^2)$을 따르는 확률변수 X를 표준정규분포 $N(0, 1^2)$을 따르는 확률변수 $Z = \dfrac{X-m}{\sigma}$으로 변환시키는 것을 표준화라고 합니다.

❷ 정규분포곡선 $y=f(x)$는 $m=x$에 대하여 대칭이므로, 다음 식들이 성립합니다. 단, a는 양수

$P(m-a \leq X \leq m)$
$= P(m \leq X \leq m+a)$
$= \dfrac{1}{2} P(m-a \leq X \leq m+a)$

❸ 확률변수 X가 확률밀도함수로 주어진 정규분포를 따를 때, 평균과 분산은 각각 다음과 같습니다.
$E(X) = m, V(X) = \sigma^2$
확률밀도함수는 평균 m과 분산 σ^2에 의하여 결정됩니다.

❹ X가 이산확률변수일 때, 새로운 확률변수 $Y = aX + b$ (a, b는 상수)에 대하여 $E(Y) = aE(X) + b$, $V(Y) = a^2 V(X)$가 성립합니다.

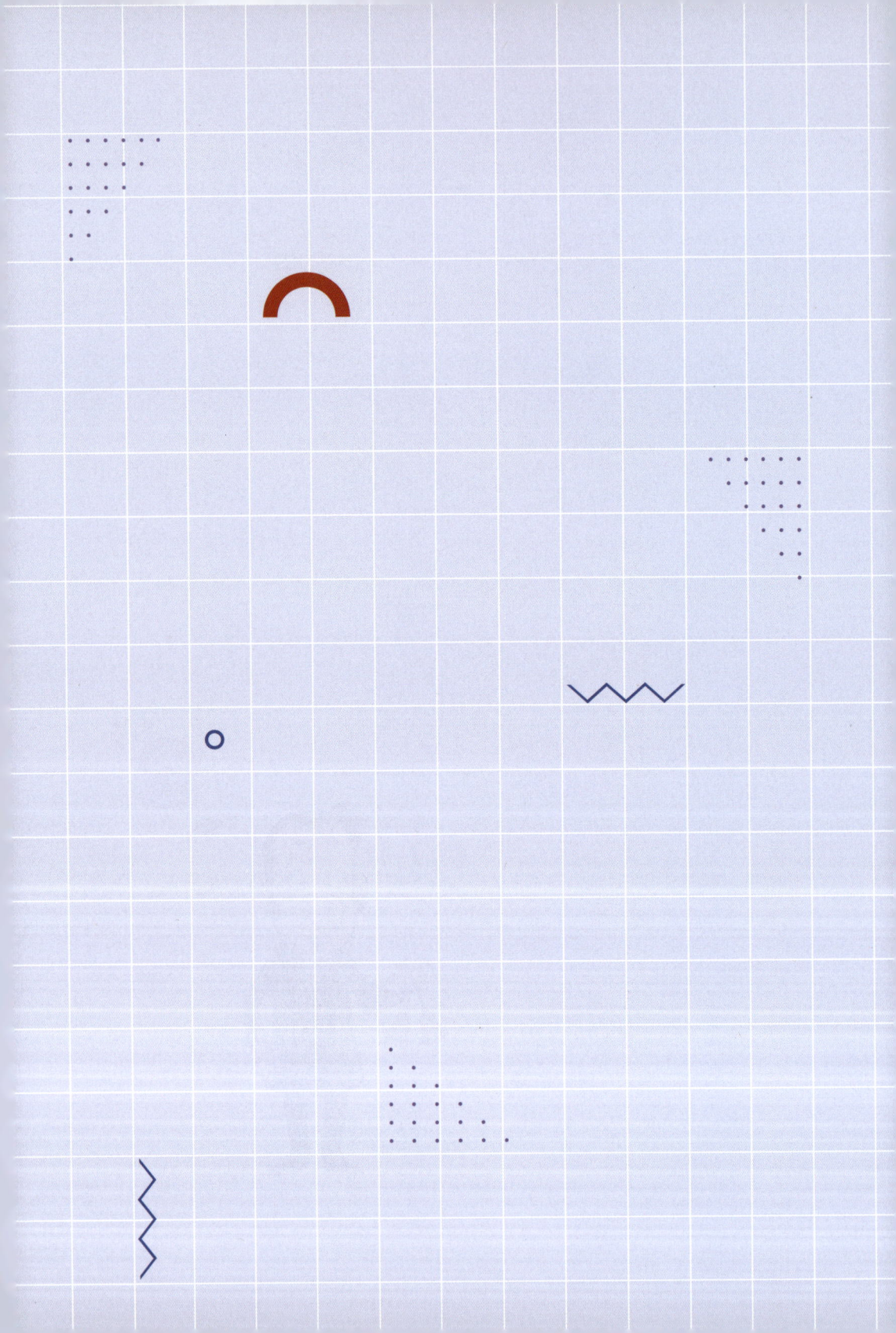

5교시

이항분포와 정규분포

이항분포와 정규분포의 관계를 그래프를 통해 알아보고
확률을 계산해 봅니다.

수업 목표

1. 이항분포와 정규분포의 관계를 알아봅니다.
2. 이항분포의 정규근사를 알아봅니다.

미리 알면 좋아요

1. **정규분포곡선** 도수분포곡선이 평균값을 중앙으로 하여 좌우 대칭인 종 모양으로 그려진 곡선입니다.

2. **히스토그램** 표로 되어 있는 도수분포를 정보 그림으로 나타낸 것입니다.

드무아브르의
다섯 번째 수업

이번 수업에서는 이항분포와 정규분포의 관계를 알아볼 것입니다. 어린 공주가 별을 쳐다보며 한숨을 쉽니다. 정규분포도 그 의미가 잡힐 듯 말 듯, 별 같은 존재인데 갑자기 들이대는 이항분포라니 한숨이 나올 수밖에 없습니다.

이항분포에 대해 알아볼까요? 1이 나오는 횟수를 X라고 하면 주사위를 다섯 번 던졌을 때 X의 확률분포는 이항분포 $B\left(5, \frac{1}{6}\right)$이 됩니다. B(던진 횟수, 나오는 확률)이라고 보면 됩니다.

던지는 횟수를 많이 반복하면 어떻게 되는지 살펴봅시다. 예를 들어 $n=10, 20, 30, 40, 50$일 때의 이항분포 $B\left(n, \dfrac{1}{6}\right)$의 그래프는 다음과 같습니다.

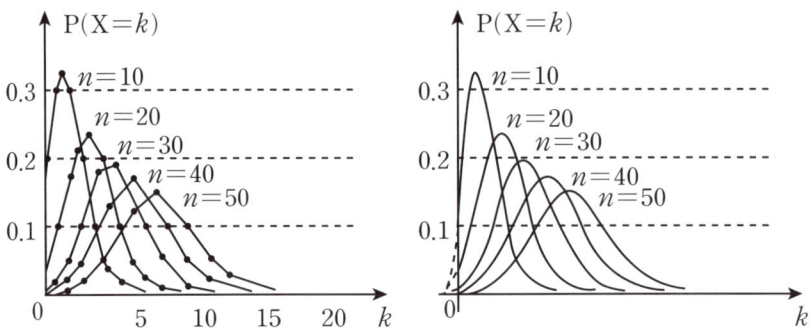

이때, n의 값이 커질수록 그래프는 거의 좌우 대칭인 정규분포곡선에 가까워집니다. 송충이가 기어가는 모습을 느린 그림

으로 보여 주는 것 같습니다.

일반적으로 이항분포 B(n, p)의 그래프는 n의 값이 커지면 점차로 정규분포곡선에 가까워진다는 사실이 알려져 있습니다. 따라서 X가 이항분포 B(n, p)를 따르면 평균과 분산은 각각 $m=np$, $\sigma^2=npq$이므로 n이 충분히 클 때 X는 근사적으로 정규분포 N(np, npq)를 따릅니다. 그러므로 표준화된 확률변수 $\dfrac{X-np}{\sqrt{npq}}$는 근사적으로 표준정규분포 N($0, 1$)을 따릅니다.

내가 어려운 설명을 하자 어린 공주는 자기 별로 돌아가려고 합니다. 그래서 나는 아직 교통 카드를 충전하지 않았기 때문에 돌아갈 수 없다고 말해 줍니다.

다음 그림에는 이항분포 B($15, 0.4$)의 히스토그램과 $m=np=6$, $\sigma^2=npq=3.6$인 정규분포곡선을 함께 나타낼 것입니다. 여기서 계산을 좀 더 자세히 설명하겠습니다.

m은 B($15, 0.4$)에서 15와 0.4를 곱해서 구합니다. $15\times 0.4=6$이므로 $m=6$이 된 것입니다. σ^2은 n, p, q를 모두 곱해서 찾으면 됩니다. n과 p는 알고 있는데 q가 보이지 않지요. q는 p와 연관이 있습니다. $p+q=1$이라는 사실을 알고 있어야 합니다. 그래서 p가 0.4라고 하면 q는 자동으로 0.6이 됩니다. 왜

냐하면 p와 q를 더하면 반드시 1이 되어야 하거든요. 어떤 확률이 일어날 확률과 안 일어날 확률을 더하면 반드시 1이 되는 것이지요.

따라서 분산인 σ^2을 구해 보면 $\sigma^2=15\times0.4\times0.6=3.6$이 됩니다. 정규분포곡선과 함께 나타내 보겠습니다.

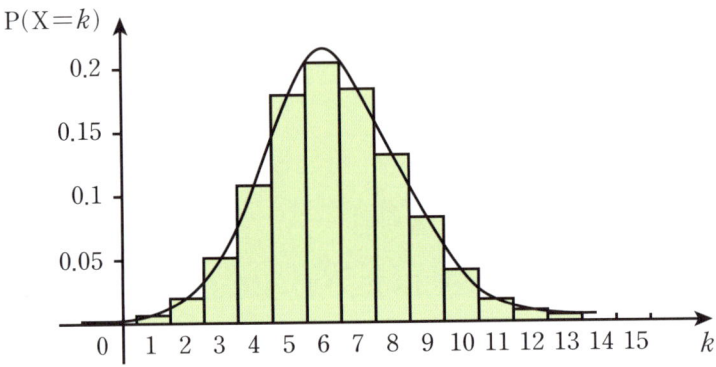

떠도는 전설에 의하면 이항분포와 정규분포가 근사하다는 말이 있습니다. 분명 제가 어떤 별에서 이 이야기를 들었습니다. 그런 참담한 전설은 지구에서나 떠도는 이야기일 것이라고 어린 공주가 비아냥거리며 이야기합니다.

왜 어린 공주는 이항분포가 정규분포에 근사하는 근사한 이

야기를 싫어하는 것일까요. 그건 '멋지다, 훌륭하다, 아름답다'
의 근사하다라는 뜻이 아니고 '거의 비슷하다'는 뜻으로 근사하
다는 말을 들었기 때문입니다. 아마 뱀이 어린 공주에게 들려
주었나 봅니다. 뱀은 사악한 짐승입니다. 그런 못된 뱀은 땅꾼
에게 혼내 주라고 부탁하고 우리는 정말 이항분포와 정규분포
가 근사하게 비슷한지 알아보도록 합니다.

확률 P(7≤X≤9)의 실제의 값과 정규분포를 이용한 근삿값
을 한번 비교해 보겠습니다.

$$P(7 \leq X \leq 9) = \sum_{k=7}^{9} {}_{15}C_k \left(\frac{2}{5}\right)^k \left(\frac{3}{5}\right)^{15-k} = 0.3564$$

위 계산에 대해서 자세히 알아보지 않기로 어린 공주와 의견
을 같이했습니다.

한편, P(7≤X≤9)=P(6.5≤X≤9.5)이고, $\frac{X-6}{\sqrt{3.6}}$은 근사적
비슷하게으로 표준정규분포 N(0, 1)을 따릅니다. 그러므로
P(7≤X≤9)의 근삿값은

P(7≤X≤9)=P(6.5≤X≤9.5)

$$\fallingdotseq P\left(\frac{6.5-6}{\sqrt{3.6}} \leq \frac{X-6}{\sqrt{3.6}} \leq \frac{9.5-6}{\sqrt{3.6}}\right)$$
$$\fallingdotseq P(0.26 \leq Z \leq 1.85)$$
$$= 0.3652$$

입니다. 우리는 다시 어린 공주와 의견을 모읍니다. 이것의 계산 과정에 대해서는 자세히 알려고 하지 말자고 말입니다. 하지만 계산 결과에 대해서는 꼭 알아야 합니다. 첫 번째 결과에서 답은 0.3564가 나왔고 두 번째 계산 결과에서는 0.3652가 나왔습니다. 두 결과가 완전히 같지는 않지만 거의 비슷하다고 할 수 있습니다. 이럴 때 쓰는 말이 바로……. 이때 어린 공주가 잠시 기다려 보라고 합니다. 잠시 후, 어린 공주가 근사한 드레스를 입고 나와서 다음과 같이 외칩니다.

"근사하다!"

그렇습니다. 이항분포의 정규분포에 의한 근사입니다.

이항분포와 정규분포의 관계를 알게 되면 확률을 비교적 손쉽게 구할 수 있습니다. 주사위 던지는 문제 같은 것을 말입니다. $n=10, 20, 30, 50$에 대한 확률 $P(X=k)$의 값을 구하여 그래프로 나타내 봅시다. 다음 그림을 보세요.

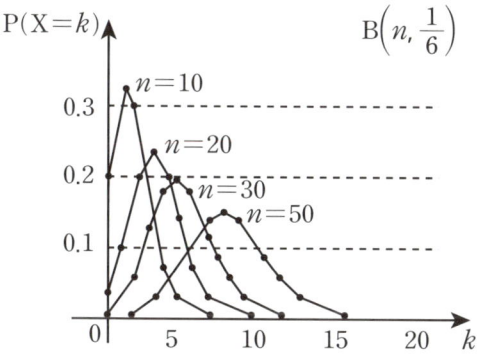

 k의 값이 커질수록 정규분포 그래프의 모양과 비슷해지는 것을 알게 됩니다. 어린 공주가 드레스를 입은 채 웨이브로 보여 주는군요.

 이항분포 $B(n, p)$와 대응되는 정규분포 $N(np, npq)$를 비교하여 더 확실히 알아보겠습니다.

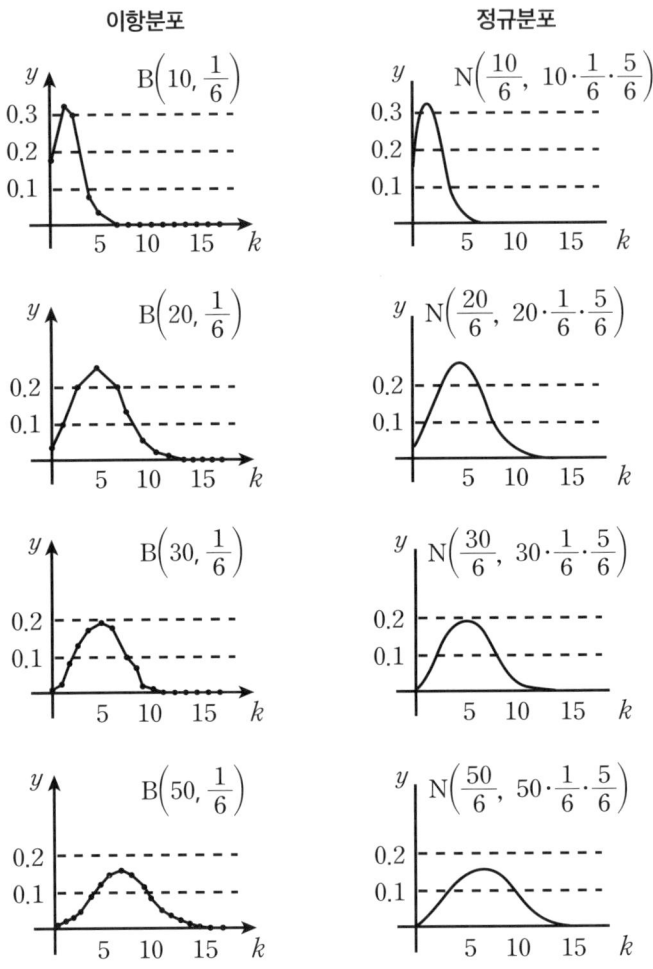

위의 그림들을 표현하기 위해 어린 공주는 물결 동작으로 옆에서 춤을 춥니다. 근사합니다. n이 커질수록 이항분포 $\mathrm{B}(n, p)$

의 그래프와 정규분포 N(np, npq)의 그래프가 거의 같아짐을 알 수 있습니다. 이게 바로 근사하다는 것입니다.

어린 공주가 "어른들은 정말 모르겠어. 어떻게 이런 것을 보고 근사함을 느낄까?" 하면서 하늘의 별만 봅니다.

쏙쏙 이해하기

이항분포와 정규분포의 관계

확률변수 X가 이항분포 B(n, p)를 따를 때, n의 크기가 충분히 크면 X는 근사적으로 정규분포 N(np, npq)단, $p+q=1$를 따릅니다. np, npq는 각각 이항분포 B(n, p)의 평균과 분산입니다.

어린 공주가 n이 큰 것이 어느 정도인지 물어 옵니다. 내가 장난삼아 '이만큼~' 하니까 어린 공주는 알아들었다고 합니다. 정말 알아들은 것일까요? 그래서 나는 이 충분히 크다는 것은 얼마를 말하냐고 물어봅니다. 그러니까 어린 공주는 말해 놓고 자꾸 귀찮게 하냐며 n은 40 이상이면 충분히 크다고 할 수 있다고 말합니다. 우아, 놀랐습니다. n의 크기가 40 이상이면 충분히 크다고 말할 수 있습니다.

나는 다시 한번 어린 공주를 귀찮게 합니다. X의 확률분포를 그래프로 그리면 n이 커짐에 따라 좌우 대칭인 산 모양의 분포에 가까워집니다. 어린 공주가 사람이 이랬다저랬다 하냐고 나에게 따집니다. 어떨 땐 종 모양, 어떨 땐 산 모양인데 뭐가 맞는 것이냐고요. 나는 산 모양이나 종 모양이나 같은 모양이라고 변명합니다. 모양이야 아무려면 어떻습니까?

이항분포에서 n이 크면 정규분포를 만들 수 있고 정규분포를 표준화시키면 표준정규분포가 되어 표준정규분포표를 이용해 확률을 계산할 수 있습니다. 이항분포는 이렇게 진화될 수 있음을 반드시 알아 두세요.

자, 드디어 여러분이 기다리던 시간이 어김없이 돌아왔습니다. 어린 공주에게 혼날 각오하고 문제를 하나 풀고 이번 수업을 마치도록 합니다.

이항분포와 정규분포의 관계를 알아야 풀 수 있는 문제입니다.

나는 주머니에서 동전 하나를 빼냅니다. 자판기 커피를 먹기 위해 동전을 뺀 것이 아닙니다. 이 동전을 가지고 문제를 낼 것입니다.

문제 풀기

동전 한 개를 100회 던질 때, 앞면이 나오는 횟수를 X라고 합니다. 확률변수 X의 평균, 분산을 구하세요.

z	$P(0 \leq Z \leq z)$
1.0	0.3413
1.5	0.4332
2.0	0.4772

시행횟수가 충분히 큰 경우의 이항분포는 근사적으로 정규분포를 따릅니다. 이항분포의 확률을 정규분포로 근사시켜 구하면 됩니다. 아, 말이 어렵다고요.

확률변수 X가 이항분포 $B(n, p)$를 따를 때, $E(X)=np$, $V(X)=npq$입니다. 이 경우 시행횟수 n이 100이니까 충분히 크다고 볼 수 있습니다. 주어진 것으로부터 X는 근사적으로 정규분포 $N(np, npq)$를 따름을 알게 됩니다. 지금까지도 무슨 말인지 이해가 안 되는 친구들은 나의 풀이를 따라오세요.

100회 중 앞면이 나온 횟수를 X라고 하면 X는 이항분포 $B\left(100, \dfrac{1}{2}\right)$을 따릅니다. n의 자리에 100이라고 쓰고 다시 앞면이 나오는 확률이 $\dfrac{1}{2}$이니까 $\dfrac{1}{2}$이라고 씁니다. p가 $\dfrac{1}{2}$이라는 것입니다.

이항분포 $B\left(100, \frac{1}{2}\right)$을 가지고 평균을 구할 수 있습니다. 평균은 E(X)로 표현하고 n과 p를 곱한 값입니다.

$$E(X) = np = 100 \times \frac{1}{2} = 50$$

따라서 평균은 50입니다. 이제 분산을 계산해 보겠습니다. 분산은 V(X)로 표현합니다.

$$V(X) = npq = 100 \times \frac{1}{2} \times \frac{1}{2} = 25$$

즉, 분산은 25입니다.

여기서는 우연히 q가 $\frac{1}{2}$이 되었지만 만약 동전을 던지는 경우가 아닐 경우에는 $p+q=1$로 두고 q를 찾아야 합니다. 둘은 여사건의 확률 관계이니까요.

이제 드디어 앞에서 보여 준 표를 이용하여 문제를 푸는 시간이 돌아왔습니다. 확률 $P(X \geq 60)$을 구해 보겠습니다. 준비되었나요. 잠이 오는 친구는 지금 졸고 있는 어린 공주 옆에서 조용히 자도록 하세요. 우리는 풀이 들어갑니다.

시행횟수 $n=100$이면 충분히 크므로 X는 근사적으로 정규분포 $N(50, 5^2)$을 따릅니다.

$$P(X \geq 60) = P\left(Z \geq \frac{60-50}{5}\right) = P(Z \geq 2)$$

일단 표준화시킵니다. 수는 작을수록 쉬워지니까요. 2를 포함하고 큰 범위는 0을 기준으로 반인 $\frac{1}{2}$에서 $P(0 \leq Z \leq 2)$을 뺀 것과 같습니다. 이제 드디어 표를 사용하게 되었습니다. 왜 이제 사용하냐고 표가 나를 원망합니다. 자기는 세상에서 기다리는 것이 가장 싫다고 하는군요. 그래서 표를 한 번 더 등장시켜 줍니다.

z	$P(0 \leq Z \leq z)$
1.0	0.3413
1.5	0.4332
2.0	0.4772

$P(0 \leq Z \leq 2)$를 찾는 방법을 보겠습니다. z가 2인 지점을 표에는 우리를 헷갈리게 하려고 2.0이라고 나타냈지만 어린 공주

와 나는 속지 않습니다. 표가 등장하자 자고 있던 어린 공주가 어느새 내 곁으로 와서 설명을 듣습니다. $P(0 \leq Z \leq 2)$의 값은 0.4772가 됩니다.

반, 즉 0.5에서 0.4772를 빼면 $0.5 - 0.4772 = 0.0228$로 답이 나옵니다.

이제 어린 공주가 아닌 내가 지쳐 갑니다. 이번 수업을 마치고 좀 쉬도록 합니다. 다음 수업은 좀 어려울 것이니 빠짝 긴장하도록 하세요. 다음 수업에서 인상 쓰면서 만나요.

수업 정리

❶ 이항분포

주사위를 다섯 번 던졌을 때 1이 나오는 횟수를 X라고 하면 X의 확률분포는 이항분포 $B\left(5, \dfrac{1}{6}\right)$이 됩니다.

❷ 확률변수 X가 이항분포 $B(n, p)$를 따르면 평균과 분산은 각각 $m=np$, $\sigma^2=npq$이므로 n이 충분히 클 때 X는 근사적으로 정규분포 $N(np, npq)$를 따릅니다.
그러므로 표준화된 확률변수 $\dfrac{X-np}{\sqrt{npq}}$는 근사적으로 표준정규분포 $N(0, 1)$을 따릅니다.

❸ 이항분포와 정규분포의 그래프

n이 커질수록 이항분포 $B(n, p)$의 그래프와 정규분포 $N(np, npq)$의 그래프가 거의 같아짐을 알 수 있습니다. 이게 바로 '근사하다'는 것입니다.

❹ 이항분포와 정규분포의 관계

확률변수 X가 이항분포 $B(n, p)$를 따를 때, n의 크기가 충분히 크면 X는 근사적으로 정규분포 $N(np, npq)$ (단, $p+q=1$)를 따릅니다. np, npq는 각각 이항분포 $B(n, p)$의 평균과 분산입니다.

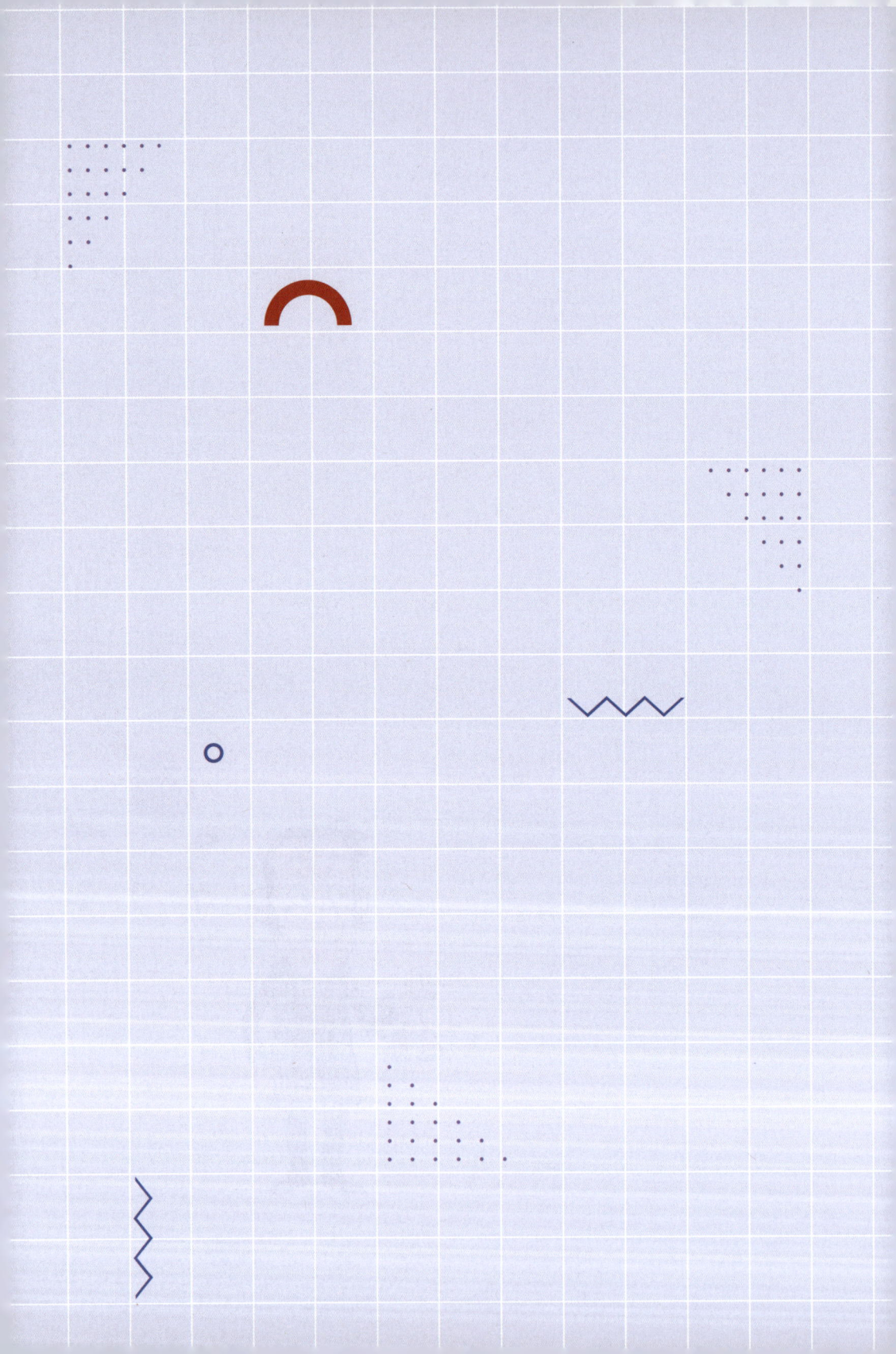

6교시
연속확률분포의 평균과 표준편차

연속확률분포에 대해 자세히 살펴보고,
적분을 이용해 확률밀도함수의 평균과 표준편차를
계산해 봅니다.

수업 목표

1. 연속확률분포의 평균과 표준편차를 알아봅니다.
2. 적분을 이용하여 확률밀도함수를 알아봅니다.

미리 알면 좋아요

호 원주상의 두 점 사이의 부분으로 원주상의 두 점은 원주를 두 부분, 즉 두 호로 나눕니다. 두 점을 잇는 선분이 이 원의 지름이 아닐 때에 짧은 호를 열호, 긴 호를 우호라고 합니다.

드무아브르의
여섯 번째 수업

이제 우리가 앞에서 다룬, 하지만 너무 앞에서 배워 기억이 안 나는 연속확률변수에 대해 공부하도록 합니다. 연속확률변수를 설명하기에 앞서 상대적으로 알아야 할 개념이 바로 이산확률변수입니다.

이산확률변수란 동전의 앞면의 개수, 제품에서 불량품의 개수 등과 같이 확률변수 X가 유한개의 값을 가지는 것을 말합니다. 하지만 다음 그림처럼 숫자판에 점 O를 중심으로 회전하는 바늘이 있을 때, 이 바늘을 자유로이 회전시켜서 저절로 정지한 곳의 눈금을 X라고 하면, X는 구간 [0, 10]의 모든 실숫값을 연속적으로 취할 수 있습니다.

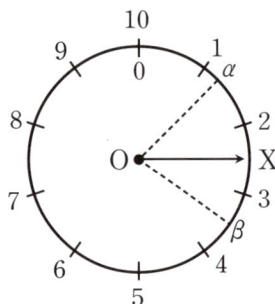

어린 공주가 바늘을 돌리는 것이 재미있는지 쉬지도 않고 바늘을 돌리고 있습니다. 정말 연속적이라는 것을 보여 주려고 하나 봅니다.

이와 같이, 확률변수 X가 어떤 구간의 모든 실숫값을 연속적으로 취할 때, X를 연속확률변수라고 합니다. 아직도 어린 공주는 바늘을 연속적으로 돌리고 있습니다.

위의 그림에서 바늘의 끝이 α와 β 사이의 눈금을 가리킬 확률은 호의 길이에 비례합니다. 호의 길이란 숫자판에서 α와 β

사이의 곡선의 길이라고 보면 됩니다.

이산확률변수가 아닌 연속확률변수는 이렇게 값을 구할 수 있습니다.

$$P(\alpha \leq X \leq \beta) = \frac{(\alpha와 \beta 사이의 호의 길이)}{(원주)} = \frac{\beta - \alpha}{10}$$
(단, $0 \leq \alpha < \beta \leq 10$)

연속확률변수는 범위에 대한 값이라고 보면 됩니다.

이제부터 여러분은 긴장해야 합니다. 아니면 뱀에 물려 온몸에 독이 퍼져 죽게 될 것이니까요. 수학에서 뱀이라면 적분을 말합니다. 앞에서 말하지 않았나요. 뱀같이 생긴 기호 $\int$.

이름은 인티그럴이라고 합니다. 기호는 적분을 나타내는 기호입니다. 생긴 모양도 뱀 같지만 기호의 기능을 살펴보면 더욱 그 이유를 알 수 있습니다. 뱀은 다리가 달린 짐승처럼 뚜벅뚜벅 이산적으로 걷지 않고 바닥에 붙어 연속적으로 기어갑니다. 그래서 적분 기호, 즉 인티그럴은 연속확률변수와 연관 지어 생각할 수 있습니다.

다음과 같은 경우를 정적분을 이용하여 나타내 보겠습니다. 그럼 이 인티그럴 기호를 불러내도록 합시다. 이때 어디선가 인도 사람이 등장합니다. 항아리를 하나 들고 있습니다. 그는 페르시아 융단 같아 보이는 아주 오래된 천을 바닥에 깔고 앉습니다. 다리는 가부좌 같은 자세를 하고서 말입니다. 피리를 하나 꺼내어 불기 시작하자 항아리에서 코브라가 휘리릭 나옵니다. 이 모양이 바로 인티그럴이라며 우리에게 좋은 구경을 했으니 돈을 달라고 합니다. 어린 공주와 나는 그 자리를 피합니다. 이제 정적분을 이용하는 장면을 보여 주겠습니다.

구간 [0, 10]에서 함수 $f(x)$를 $f(x) = \frac{1}{10}$ (단, $0 \leq x \leq 10$)로 정합니다.

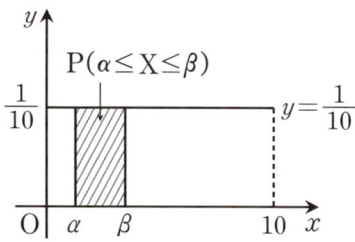

 $f(x)$는 y의 값이라고 볼 수 있습니다. 함수를 연구한 사람이라면 그렇게 생각합니다. 여기서 이것의 전체 구간이 합이 1이 됨을 그림을 통해 알 수 있습니다. 가로가 x로 10이고 세로가 y로 $\frac{1}{10}$이니 두 변수를 곱하면 결과는 1이 됩니다. 그래서 전체 넓이의 값은 당연히 1입니다. 수학적으로 확인해 보겠습니다.

 구간 [0, 10]에서 함수 $f(x) = \frac{1}{10}$과 x축으로 둘러싸인 부분의 넓이는 다음과 같습니다.

$$\int_0^{10} f(x)dx = \int_0^{10} \frac{1}{10} dx = 1$$

 이 부분의 계산은 잠시 뒤에 보여 주겠습니다. 그림에서는 이해했지만 과연 대수적으로는 성립되는지 알아보겠습니다. 일단 α와 β 사이의 넓이를 먼저 알아보겠습니다. 왜냐면 α와 β도

많이 기다렸거든요.

$$P(\alpha \leq X \leq \beta) = \frac{1}{10}(\beta - \alpha) = \int_\alpha^\beta f(x)dx$$

자, 그럼 $\int_0^{10} \frac{1}{10} dx$의 계산 방법을 알아보겠습니다. 내가 이 뱀을 어떻게 다룰지 어린 공주가 몹시 궁금하다며 지켜보고 있습니다. 여러분도 잘 보세요.

일단 $\int$ 인티그럴과 dx 사이에 있는 보아 뱀이 삼킨 내용물 $\frac{1}{10}$을 적분하면 $\frac{1}{10}x$가 됩니다. 적분한 $\frac{1}{10}x$에 구간을 걸어 줍니다. $\left[\frac{1}{10}\right]_0^{10}$

여기서 알아야 할 정적분의 계산 공식을 살펴봅니다. 함수 $f(x)$의 부정적분의 하나를 $F(x)$라 하면 다음과 같은 식이 성립합니다.

$$\int_a^b f(x)dx = \left[F(x)\right]_a^b = F(b) - F(a)$$

정적분의 값을 구하고자 할 때 보아 뱀이 삼킨 내용물을 가지고 부정적분을 먼저 구합니다.

$$\left[\frac{1}{10}\right]_0^{10} = \left(\frac{1}{10} \times 10\right) - \left(\frac{1}{10} \times 0\right) = 1$$

그래서 x축으로 둘러싸인 부분의 넓이를 계산해 보아도 1이 나옴이 증명되었습니다. 이제 일반적인 것을 알아보도록 하겠습니다.

> **속속 이해하기**
>
> 확률변수 X가 어떤 구간 $[a, b]$의 모든 값을 취하고, 이 구간에서 함수 $f(x)$가 다음과 같은 성질을 가진다고 하면, 부분의 넓이를 구할 수 있습니다. 뱀적분을 이용해서 말입니다.
>
>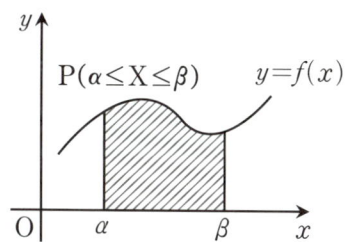
>
> (1) $f(x) \geq 0$
>
> x축 위쪽에서 넓이가 만들어져야 합니다.
>
> (2) $\int_a^b f(x)dx = 1$

x축으로 둘러싸인 부분의 넓이는 언제나 1이 되어야 합니다.

(3) $P(\alpha \leq X \leq \beta) = \int_{\alpha}^{\beta} f(x)dx$ (단, $a \leq \alpha \leq \beta \leq b$)

α와 β가 a와 b 사이에 있어야 합니다.

위의 성질을 만족하는 함수 $f(x)$를 X의 확률밀도함수라고 합니다.

여러분이 앞의 내용을 소화시키느라 지쳐 있는 것을 알고 있습니다. 하지만 공부라는 것이 맥이 끊기면 효과가 줄어드니까 연속하여 연속확률변수의 평균과 표준편차를 다루도록 합니다.

연속확률변수 X가 구간 [a, b]의 모든 값을 취하고, X의 확률밀도함수가 $f(x)$라고 합시다. 이때, X의 평균, 분산 및 표준편차를 알아봅니다.

쏙쏙 이해하기

연속확률변수 X의 평균, 분산 및 표준편차

평균 : $E(X) = \int_a^b x f(x) dx$

분산 : $V(X) = E((X-m)^2) = \int_a^b (x-m)^2 f(x) dx$

표준편차 : $\sigma(X) = \sqrt{V(X)}$

어렵게 보이지만 그래도 평균과 분산에 우리에게 친근한 보아 뱀이 등장하는 것만 해도 위안이 됩니다.

연속확률변수에서는 적분을 이용하여 평균과 분산을 구할 수 있다는 사실만 알아도 좋습니다. 보아 뱀이 삼킨 내용물을 보면 $xf(x)$가 들어 있습니다. x라는 확률에 확률값이 곱해지면 평균을 알 수 있습니다. 연속적인 값들이므로 보아 뱀이 삼켜서 계산하면 됩니다.

분산의 내용물을 살펴보면 $(x-m)^2 f(x)$가 삼켜져 있습니다. 편차의 제곱이 $f(x)$에 곱해져 있는 형태입니다. 분산은 편차의 제곱과 관련이 있습니다. 편차는 변량에서 평균을 뺀 값입니다. 평균과의 차이라고 보면 됩니다.

자, 이제 배운 것을 문제를 통해 간단히 정리하고 이번 수업을 마치겠습니다. 이번 수업에서 또 문제냐고 하는 사람이 있을 것입니다. 하지만 다음 수업은 정규분포가 일상에 적용되는 문제들만 다룰 예정입니다. 여기서 한 문제 푸는 것은 아주 귀여운 일입니다.

속속 문제 풀기

확률변수 X의 확률밀도함수가 $f(x)=2x$ (단, $0 \leq x \leq 1$)일 때, X의 평균, 분산을 구하세요.

$$E(X) = \int_0^1 (x \times 2x)dx = \int_0^1 2x^2 dx = \left[\frac{2}{3}x^3\right]_0^1 = \frac{2}{3}$$

여기에는 이 방법 $\int_a^b f(x)dx = \Big[F(x)\Big]_a^b = F(b) - F(a)$가 들어 있습니다.

$$V(X) = \int_0^1 \left\{\left(x - \frac{2}{3}\right)^2 \times 2x\right\}dx$$
$$= \int_0^1 \left(2x^3 - \frac{8}{3}x^2 + \frac{8}{9}x\right)dx$$
$$= \left[\frac{1}{2}x^4 - \frac{8}{9}x^3 + \frac{4}{9}x^2\right]_0^1 = \frac{1}{18}$$

여기서 잠깐 보아 뱀이 허물을 벗는 장면을 좀 살펴보도록 하지요.

쏙쏙 이해하기

x^n의 부정적분

n이 -1이 아닐 때

$\int x^n dx = \dfrac{1}{n+1}x^{n+1} + C$ 단, C는 적분상수

이렇게 보아 뱀이 허물을 벗을 수 있습니다. 그리고 $\int 1dx$는 보통 $\int dx$로 뱃속이 텅 빈 보아 뱀으로 나타내도 됩니다. 연습 하나 해 볼까요?

$$\int x^7 dx = \frac{1}{7+1} x^{7+1} + C = \frac{1}{8} x^8 + C$$

보아 뱀이 허물을 벗는 것은 적분의 계산에서는 아주 중요하게 다룹니다. 모르면 문제를 풀 수 없습니다. 이번 교시를 마칩니다.

수업 정리

❶ 이산확률변수란 동전의 앞면의 개수, 제품에서의 불량품의 개수 등과 같이 확률변수 X가 유한개의 값을 가지는 것을 말합니다.

❷ 함수 $f(x)$의 부정적분의 하나를 $F(x)$라 하면
$$\int_a^b f(x)dx = \Big[F(x)\Big]_a^b = F(b) - F(a)$$

❸ **연속확률변수 X의 평균, 분산 및 표준편차**

평균 : $E(X) = \int_a^b xf(x)dx$

분산 : $V(X) = E((X-m)^2) = \int_a^b (x-m)^2 f(x)dx$

표준편차 : $\sigma(X) = \sqrt{V(X)}$

❹ **n이 -1이 아닐 때 x^n의 부정적분**
$$\int x^n dx = \frac{1}{n+1}x^{n+1} + C \quad \text{단, C는 적분상수}$$

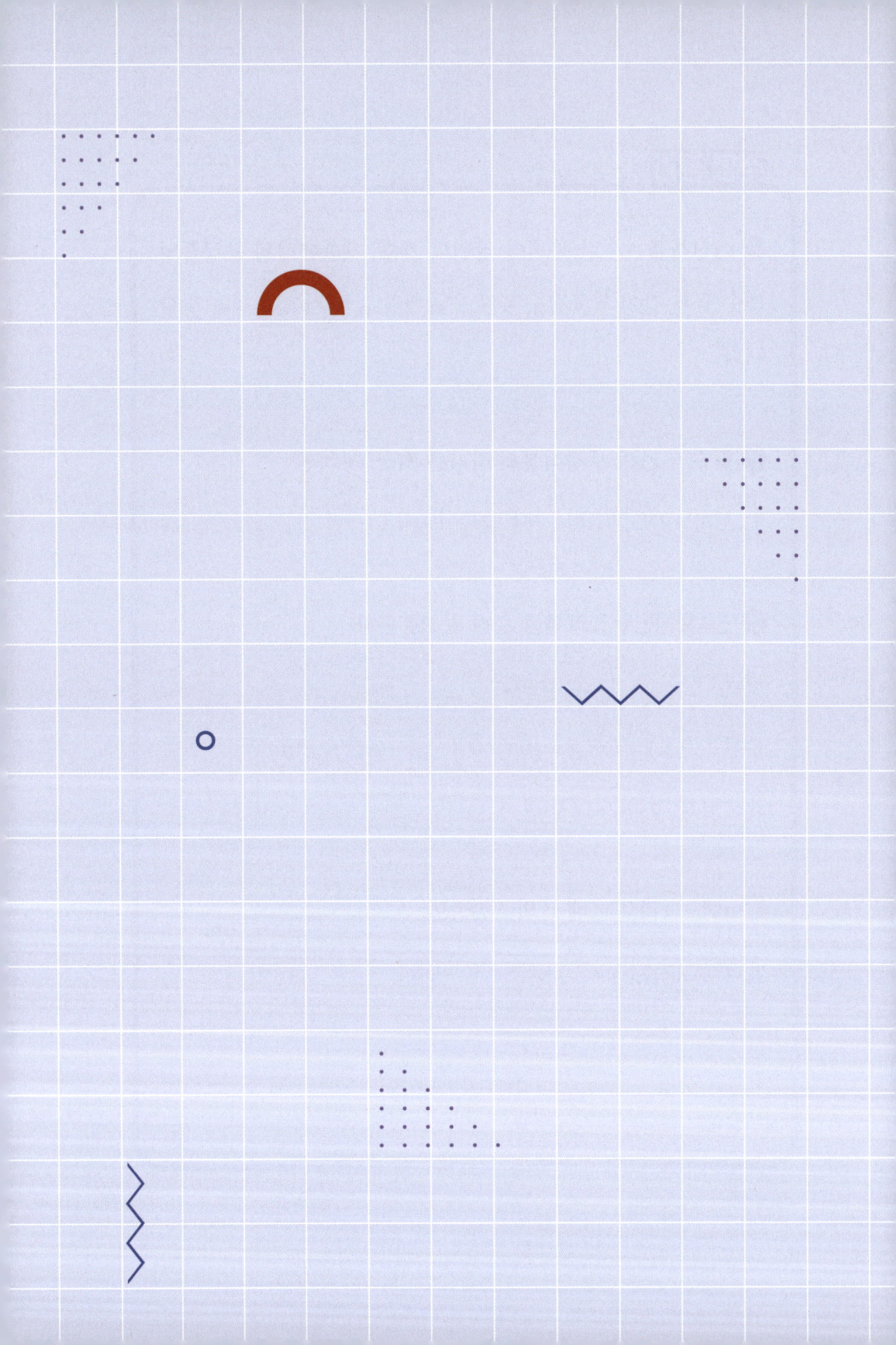

7교시

정규분포와 관계된 실생활 응용문제

실생활의 문제를 통해 정규분포의 개념을 폭넓게 활용해 봅니다.

수업 목표

정규분포에 대한 응용문제를 살펴봅니다.

미리 알면 좋아요

I.Q. 지능 검사 결과로 지능의 정도를 총괄하여 나타내는 수치

드무아브르의
일곱 번째 수업

 이번 시간은 정말 힘든 시간이 될 수도 있습니다. 실생활에서 응용되는 문제들을 다룰 것입니다. 이번 교시가 끝나면 어린 공주는 자신의 별로 돌아갈 것입니다. 그곳에는 정규분포라는 것은 없습니다. 다시 볼 수 없게 될 정규분포를 끝까지 지켜보기 바랍니다.

 6교시에서 공부했던 내용을 가지고 응용문제를 풀어 보도록 하지요.

배차간격이 10분인 버스를 타기 위하여 정류장에 갔을 때, 버스가 도착할 때까지 기다리는 시간을 X분이라고 하면 X는 0부터 10까지의 모든 실숫값을 취하는 연속확률변수입니다. 흐르는 시간 같은 것은 연속확률이라고 보면 됩니다. 이때, 버스를 α분에서 β분까지 기다릴 확률, 즉 X가 구간 $[\alpha, \beta]$에 속할 확률은 다음과 같습니다.

$$P(\alpha \leq X \leq \beta) = \frac{\beta - \alpha}{10} \ (0 \leq \alpha \leq \beta \leq 10)$$
$$P(0 \leq X \leq 10) = 1$$

이것은 다음 그림에서 직선 $f(x) = \frac{1}{10}$과 $x = \alpha$, $x = \beta$, x축으로 둘러싸인 부분의 넓이와 같습니다.

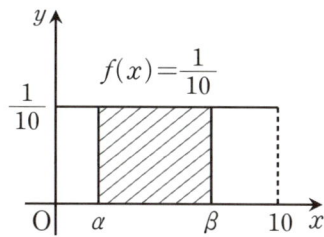

또 구간 [0, 10]에서 직선 $f(x)=\dfrac{1}{10}$과 x축으로 둘러싸인 부분의 넓이는 1입니다. $10 \times \dfrac{1}{10}=1$이니까요. 그럼 버스가 2분에서 6분 사이에 올 확률은 $\dfrac{6-2}{10}=\dfrac{2}{5}$가 됩니다.

어떤 환자 한 사람이 아파서 약을 먹는데, 치유될 확률은 0.6이라고 합니다. 약을 먹어 치유가 안 되면 어떡하지요. 하지만 우리는 그런 걱정을 잠시 접어 두고 이 문제에 전념을 합니다. 어린 공주가 어떻게 생명을 두고 문제에 전념할 수 있냐며 나를 두고 피도 눈물도 없다고 실망합니다. 이 경우는 실제 있었던 일이 아니라고 어린 공주를 설득한 다음에야 비로소 문제를 냅니다.

쏙쏙 문제 풀기

150명의 환자에게 이 약을 투여했을 때 102명 이상이 치유될 확률을 다음 표준정규분포표를 이용하여 구하세요.

z	P(0≤Z≤z)
1.0	0.3413
1.5	0.4332
2.0	0.4772

여기서 치유된 환자의 수를 X라고 하면 X는 이항분포 $B(150, 0.6)$을 따릅니다. 따라서 평균은 $150 \times 0.6 = 90$이 됩니다. B 안의 수를 다 곱하면 그게 바로 평균입니다.

그리고 분산은 $150 \times 0.6 \times 0.4 = 36 = 6^2$임을 알 수 있습니다. 앞에서 우리는 문자를 이용해 분산을 구하는 것을 보았습니다.

그래서 이제는 되도록 문자는 빼고 알고 있는 그대로 풀이를 하겠습니다. 잘 모르겠으면 앞을 찾아서 공부하세요. 공부란 살짝 번거로워야 하는 맛이 납니다.

이때, 150은 충분히 큽니다. 40 이상이면 크다고 앞에서 정의 했으니까요. X는 정규분포 $N(90, 6^2)$을 따르게 됩니다.

정규분포를 따르면 뭘 시킬 수 있지요. 힌트! 보기를 들어 주겠습니다.

① 표범화 ② 표상화 ③ 김준화 ④ 표준화

답은 ④ 표준화입니다. 그렇습니다. 표준화할 수 있습니다. 102명이 치유될 확률을 식으로 표현하면 $P(X \geq 102)$입니다. 이것을 표준화시키겠습니다.

$$P\left(Z \geq \frac{102-90}{6}\right)$$ 102에서 90을 빼고 6으로 나누면 표준화입니다.
$$= P(Z \geq 2)$$

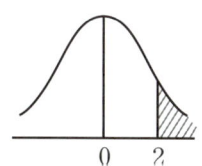

그림에서 보면 반, 즉 0.5에서 P(0≤Z≤2)를 빼면 된다는 것을 알 수 있습니다. 이 상태에서 위 표준정규분포표에서 해당하는 값을 찾으면 0.4772입니다.

따라서 계산해 보면 0.5-0.4772=0.0228이 됩니다.

치유될 확률이 너무 작다고 어린 공주가 몹시 투덜대며 나에게 항의합니다. 문제를 만들다 보니 그렇게 된 것을 가지고 너무 과민 반응을 하는 것 같습니다. 그래요. 내가 다 잘못했습니다.

쏙쏙 문제 풀기

어떤 양궁 선수가 쏜 화살의 10%는 과녁의 중앙을 맞힌다고 합니다. 이 양궁 선수가 100개의 화살을 쏜다고 합시다. 과녁의 중앙을 맞힌 화살의 개수를 확률변수 X라 할 때, E(X), σ(X)를 구하세요.

답도 궁금하지만 양궁 선수 이름도 몹시 궁금하네요.

이 문제는 이항분포와 정규분포의 관계를 아는지 묻는 문제입니다. X는 B(100, 0.1)을 따르므로 평균은 다음과 같습니다.

$$E(X) = 100 \times 0.1 = 10$$

앞에서 우리가 공부한 np가 기억나지요? 이때 양궁 선수가 기억나느냐며 우리를 화살로 겨냥하고 있습니다. 이 상황에서 기억나지 않는다는 말을 할 수 없습니다.

n은 시행횟수이고 p는 확률입니다. 시행횟수와 확률을 곱하면 평균이 나오지요. 그러자 양궁 선수가 겨냥한 활시위를 풉니다. 긴장된 순간이었습니다.

이제 $\sigma(X)$를 구해 보겠습니다. 이 기호는 표준편차라는 뜻입니다. 표준편차는 분산을 구한 다음 분산에 $\sqrt{}$ 루트를 씌워서 구합니다. 그럼 먼저 분산을 구해 보도록 합니다. 분산을 어떻게 구하는지 기억합니까? 이런, 양궁 선수가 분산을 구해 보라고 활을 우리를 향해 겨냥합니다. 이거 너무 긴장된 상태의 연속 아닙니까? 분산은 시행횟수 100과 맞힐 확률 0.1, 못 맞힐 확률 0.9를 곱하여 9가 됩니다.

$$100 \times 0.1 \times 0.9 = 100 \times \frac{1}{10} \times \frac{9}{10} = 9$$

9에 $\sqrt{}$ 를 씌우면 $\sqrt{9} = \sqrt{3^2}$ 루트와 2가 같이 없어지고 $=3$. 그래서 $\sigma(X) = 3$입니다.

여기서 20개 이상의 화살이 중앙에 맞을 확률을 구해 봅니다. $n=100$은 충분히 큰 수입니다. 40개 이상이면 큰 수로 하자고 앞에서 말했습니다. X는 근사적으로 $N(10, 3^2)$을 따릅니다. N을 잘 따르면 표준화를 시켜야지요.

표준화하는 것 다 알고 있지요. 윽, 빨리 다 안다고 말하세요. 어느새 양궁 선수가 나타나 우리에게 화살을 겨눕니다. 이건 수업이 아니라 완전 전쟁입니다.

$$N(m, \sigma^2) \to Z = \frac{X-m}{\sigma} \to N(0, 1^2)$$

정규분포　　　　표준화　　표준정규분포

어느새 양궁 선수는 사라지고 없습니다.

$$P(X \geq 20) = P\left(Z \geq \frac{20-10}{3}\right) \fallingdotseq P(Z \geq 3.33)$$

여기까지는 이해가 되지요.

$P(Z \geq 3.33)$은 $0.5 - P(0 \leq Z \leq 3.33)$으로 구할 수 있음을 앞에서 많이 연습했습니다. $P(0 \leq Z \leq 3.33)$의 값은 표준정규분포표를 찾아보면 몇 초도 안 걸려 알아낼 수 있습니다. 나는 이 값을 4초 만에 찾았습니다. 그 값은 0.4996입니다. 그래서 다시 계산하면 $0.5 - 0.4996$입니다. 이것마저 계산하면 답은 0.0004입니다.

다음에 나오는 문제 역시 정규분포를 표준화시켜서 푸는 문제입니다.

문제 풀기

고등학생 10000명의 키가 정규분포 $N(169.5, 7.5^2)$을 따를 때, 키가 162cm 이상 177cm 이하인 학생 수는 얼마일까요? 단, 표준정규분포표를 이용할 수 있습니다.

뭐부터 할까요. 양궁 선수가 나타나기 전에 얼른 정규분포 $N(169.5, 7.5^2)$을 표준화시켜서 표준정규분포 $N(0, 1)$로 고칩니다.

$Z = \dfrac{X - 169.5}{7.5}$ 라 하면

$X = 162$일 때 $Z = -1$, $X = 177$일 때 $Z = 1$

따라서

$P(162 \leq X \leq 177)$
$= P(-1 \leq Z \leq 1) = 2P(0 \leq Z \leq 1)$
$= 2 \times 0.3413 = 0.6826$

여기서 갑자기 나타난 0.3413은 $P(0 \leq Z \leq 1)$을 표준정규분포표에서 찾은 값입니다. 이때, $10000 \times 0.6826 = 6826$으로 구

하는 학생 수는 6826명이 됩니다.

　아주 힘든 시간도 지나면 끝이 있게 마련입니다. 옛날에 이런 일이 있었습니다. 어떤 친구가 비가 심하게 오는 궂은 날씨를 탓하며 이 비가 언제 그치려나 고민하며 말했습니다. 그러자 다른 친구가 "자네는 안 그치는 비를 본 적이 있는가."라고 말했습니다. 그렇습니다. 아무리 힘든 날이라도 반드시 끝이 있다는 말입니다. 희망을 가지고 살자는 교훈을 지닌 이야기입니다.

　드디어 마지막 문제입니다.

　지능I.Q. 검사는 개인의 지적 발달 수준을 나타내 주는 척도로써, 처음에는 지적 장애인을 구별하기 위한 목적으로 만들어졌다고 합니다. 지능 검사의 점수는 평균 100점, 표준편차가 16점인 정규분포를 따릅니다.

　다음 물음에 답을 하세요.

> **쏙쏙 문제 풀기**
>
> 지능 검사의 점수가 70점 이하이면 지적 장애라고 합니다. 지적 장애인은 전체의 몇 %인가요?

지능 검사의 점수를 X라고 하면 X는 정규분포 $N(100, 16^2)$을 따르므로 다음과 같이 계산합니다.

$$P(X \leq 70) = P\left(Z \leq \frac{70-100}{16}\right)$$
$$\fallingdotseq P(Z \leq -1.88)$$
$$= 0.5 - P(0 \leq Z \leq 1.88)$$

이 부분은 표준정규분포표를 찾아야 함

$$= 0.5 - 0.4699$$
$$= 0.0301$$

따라서 지적 장애인은 전체의 약 3.01%입니다.

쏙쏙 문제 풀기

> 어느 학자는 지능 검사의 점수가 135점 이상인 사람을 영재라고 합니다. 영재는 전체의 몇 %인가요?

$$P(X \geq 135) = P\left(Z \geq \frac{135-100}{16}\right)$$

$$≒ P(Z≥2.19)$$
$$=0.5-0.4857$$
$$=0.0143$$

따라서 영재는 전체의 약 1.43%입니다.

한 가지만 더 물어보고 이 수업을 마치겠습니다.

> **쏙쏙 문제 풀기**
>
> 어느 학자는 지능 검사의 점수가 상위 5% 이내에 드는 사람을 영재라고 합니다. 지능 검사의 점수가 몇 점 이상인 사람이 영재로 판정되는 것일까요?

상위 5% 이내에 드는 최저 점수를 c라고 합시다. 그러면 $P(X≥c)=0.05$를 만족해야 합니다.

$$P\left(Z≥\frac{c-100}{16}\right)=0.05$$
$$P\left(0≤Z≤\frac{c-100}{16}\right)=0.5-0.05=0.45$$

표준정규분포표에서 $\dfrac{c-100}{16} ≒ 1.645$, 즉 $c ≒ 126.32$

따라서 상위 5% 이내의 영재는 지능 검사의 점수가 126.32점 이상인 사람입니다.

자, 이제 마칩니다. 자고 있는 어린 공주를 누가 깨워 주세요. 뭐? 뱀이 깨우겠다고요. 그럼 어린 공주는 자기 별로 돌아갈 시간인 것 같군요. 뱀이 깨우면 자기 별로 돌아가게 된답니다. 그리고 앞에서 자주 등장했던 표준정규분포표는 부록으로 바로 이 글 다음에 달아 둡니다. 모두 안녕!

표준정규분포표

$$P(0 \leq Z \leq z) = \int_0^z \frac{1}{\sqrt{2\pi}} e^{-\frac{z^2}{2}} dz$$

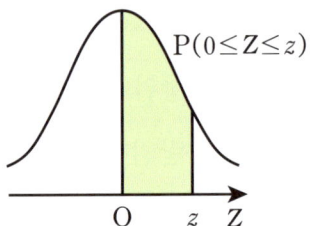

z	0.00	0.01	0.02	0.03	0.04	0.05	0.06	0.07	0.08	0.09
0.0	0.0000	0.0040	0.0080	0.0120	0.0160	0.0199	0.0239	0.0279	0.0319	0.0359
0.1	0.0398	0.0438	0.0478	0.0517	0.0557	0.0596	0.0636	0.0675	0.0714	0.0753
0.2	0.0793	0.0832	0.0871	0.0910	0.0948	0.0987	0.1026	0.1064	0.1103	0.1141
0.3	0.1179	0.1217	0.1255	0.1293	0.1331	0.1368	0.1406	0.1443	0.1480	0.1517
0.4	0.1554	0.1591	0.1628	0.1664	0.1700	0.1736	0.1772	0.1808	0.1844	0.1879
0.5	0.1915	0.1950	0.1985	0.2019	0.2054	0.2088	0.2123	0.2157	0.2190	0.2224
0.6	0.2257	0.2291	0.2324	0.2357	0.2389	0.2422	0.2454	0.2486	0.2517	0.2549
0.7	0.2580	0.2611	0.2642	0.2673	0.2704	0.2734	0.2764	0.2794	0.2823	0.2852
0.8	0.2881	0.2910	0.2939	0.2967	0.2995	0.3023	0.3051	0.3078	0.3106	0.3133
0.9	0.3159	0.3186	0.3212	0.3238	0.3264	0.3289	0.3315	0.3340	0.3365	0.3389
1.0	0.3413	0.3438	0.3461	0.3485	0.3508	0.3531	0.3554	0.3577	0.3599	0.3621
1.1	0.3643	0.3665	0.3686	0.3708	0.3729	0.3749	0.3770	0.3790	0.3810	0.3830
1.2	0.3849	0.3869	0.3888	0.3907	0.3925	0.3944	0.3962	0.3980	0.3997	0.4015
1.3	0.4032	0.4049	0.4066	0.4082	0.4099	0.4115	0.4131	0.4147	0.4162	0.4177
1.4	0.4192	0.4207	0.4222	0.4236	0.4251	0.4265	0.4279	0.4292	0.4306	0.4319
1.5	0.4332	0.4345	0.4357	0.4370	0.4382	0.4394	0.4406	0.4418	0.4429	0.4441
1.6	0.4452	0.4463	0.4474	0.4484	0.4495	0.4505	0.4515	0.4525	0.4535	0.4545
1.7	0.4554	0.4564	0.4573	0.4582	0.4591	0.4599	0.4608	0.4616	0.4625	0.4633
1.8	0.4641	0.4649	0.4656	0.4664	0.4671	0.4678	0.4686	0.4693	0.4699	0.4706
1.9	0.4713	0.4719	0.4726	0.4732	0.4738	0.4744	0.4750	0.4756	0.4761	0.4767
2.0	0.4772	0.4778	0.4783	0.4788	0.4793	0.4798	0.4803	0.4808	0.4812	0.4817
2.1	0.4821	0.4826	0.4830	0.4834	0.4838	0.4842	0.4846	0.4850	0.4854	0.4857
2.2	0.4861	0.4864	0.4868	0.4871	0.4875	0.4878	0.4881	0.4884	0.4887	0.4890
2.3	0.4893	0.4896	0.4898	0.4901	0.4904	0.4906	0.4909	0.4911	0.4913	0.4916
2.4	0.4918	0.4920	0.4922	0.4925	0.4927	0.4929	0.4931	0.4932	0.4934	0.4936
2.5	0.4938	0.4940	0.4941	0.4943	0.4945	0.4946	0.4948	0.4949	0.4951	0.4952
2.6	0.4953	0.4955	0.4956	0.4957	0.4959	0.4960	0.4961	0.4962	0.4963	0.4964
2.7	0.4965	0.4966	0.4967	0.4968	0.4969	0.4970	0.4971	0.4972	0.4973	0.4974
2.8	0.4974	0.4975	0.4976	0.4977	0.4977	0.4978	0.4979	0.4979	0.4980	0.4981
2.9	0.4981	0.4982	0.4982	0.4983	0.4984	0.4984	0.4985	0.4985	0.4986	0.4986
3.0	0.4987	0.4987	0.4987	0.4988	0.4988	0.4989	0.4989	0.4989	0.4990	0.4990

수업 정리

$0 \leq X \leq 10$의 범위에서 X가 구간 $[\alpha, \beta]$에 속할 확률은
$P(\alpha \leq X \leq \beta) = \dfrac{\beta - \alpha}{10}$ $(0 \leq \alpha \leq \beta \leq 10)$이고,
$P(0 \leq X \leq 10) = 1$입니다.

NEW 수학자가 들려주는 수학 이야기 76
드무아브르가 들려주는 정규분포 이야기

ⓒ 김승태, 2009

2판 1쇄 인쇄일 | 2025년 10월 10일
2판 1쇄 발행일 | 2025년 10월 24일

지은이 | 김승태
펴낸이 | 정은영
펴낸곳 | (주)자음과모음

출판등록 | 2001년 11월 28일 제2001-000259호
주소 | 10881 경기도 파주시 회동길 325-20
전화 | 편집부 (02)324-2347, 경영지원부 (02)325-6047
팩스 | 편집부 (02)324-2348, 경영지원부 (02)2648-1311
e-mail | jamoteen@jamobook.com

ISBN 978-89-544-5321-9 44410
     978-89-544-5196-3 (세트)

• 잘못된 책은 교환해 드립니다.